対馬10
平戸新田1
平戸6
五島1
長崎県
佐賀県
唐津6
小城7
佐賀36
蓮池5
鹿島2
大村3
島原7
福岡県
福岡47
久留米21
柳河12
三池1
秋月5
小倉新田1
小倉15
清末1
長府5
長州37
山口県
徳山4
岩国6
津和野4
浜田6
島根県
松江19
広瀬3
母里1
鳥取県
岡山県
鹿野3
若桜2
鳥取33
兵庫県
豊岡2
出石3
柏原2
篠山6
三草1
広島43
広島新田3
広島県
福山11
新見2
松山5
浅尾1
足守3
勝山2
津山10
岡山新田2
岡田1
庭瀬2
岡山32
鴨方3
三日月2
山崎1
安志1
姫路15
三田4
林田1
小野1
明石8
龍野5
赤穂2
岸和田5
伯太1
狭山1
大阪府
紀州56
田辺4
和歌山県
多度津1
丸亀5
高松12
香川県
徳島26
徳島県
今治4
松山15
小松1
西条3
大洲6
新谷1
吉田3
愛媛県
宇和島10
高知県
土佐24
土佐新田1
中津10
日出2
杵築3
大分県
森1
府内2
臼杵5
佐伯2
岡7
熊本新田4
熊本54
熊本県
宇土3
延岡7
人吉2
宮崎県
高鍋3
佐土原3
飫肥5
薩摩77
鹿児島県

シリーズ藩物語

相良藩

中村 肇・川原崎淑雄……著

現代書館

プロローグ

相良藩の特徴

太古より相良《さがら》の地は気候温暖であり、海の幸・山の幸に恵まれていたことから、いくつかの遺跡が発掘されている。その地名の初見は、千三百年前の『和名抄』である。古刹である平田寺《へいでんじ》には、国宝の「聖武天皇勅書」が伝えられている。また、相良氏により開発された相良荘は蓮華王院（三十三間堂）の荘園の一つであった。

戦国時代になると支配者が今川、武田と交替し、徳川家康が慶長五年（一六〇〇）の関ヶ原の戦いにおいて石田三成を倒し、天下の実権を収め、郷土は徳川氏の直轄領となる。以後約百年間は駿府藩領、掛川藩領、幕府領（蔵入地）と推移した。家康の鷹狩りは有名であり、軍事上の拠点や鷹狩りのために御殿を建造している。

相良藩は、宝永七年（一七一〇）、三河伊保藩から本多忠晴が相良へ入部したことにより成立した。その後を、幕府老中にもなった板倉勝清が二年半治めた。

ついで寛延二年（一七四九）、前記本多氏の一族である本多忠央《ただなか》と交替した。ところが、忠央は郡上《ぐじょう》一揆★の一件により改易される。

藩という公国

江戸時代、日本には千に近い独立公国があった

江戸時代。徳川将軍家の下に、全国に三百諸侯《しょこう》★の大名家があった。ほかに寺領や社領、知行所《ちぎょうしょ》★をもつ旗本領《はたもとりょう》などを加えると数え切れないほどの独立公国があった。そのうち諸侯を何々家《け》家中《かちゅう》と称していた。家中は主君を中心に家臣が忠誠を誓い、強い連帯感で結びついていた。家臣の下には足軽《あしがる》層《そう》★がおり、全体の軍事力の維持と領民の統制をしていたのである。その家中を藩と後世の史家は呼んだ。

江戸時代に何々藩と公称することはまれで、明治以降の使用が多い。それは近代からみた江戸時代の大名の領域や支配機構を総称する歴史用語として使われた。その独立公国たる藩にはそれぞれ個性的な藩風《はんぷう》と自立した政治・経済・文化があった。幕藩体制とは歴史学者伊東多三郎《いとうたさぶろう》★氏の視点だが、まさに将軍家の諸侯の統制と各藩の地方分権が巧く組み合わされていた、連邦でもない奇妙な封建的国家体制であった。

今日に生き続ける藩意識

明治維新から百四十年以上経っているのに、今

▶郡上一揆＝宝暦８年（1758）、美濃国郡上藩で発生。宝暦騒動とも。

そして次の藩主が、当地では名君と評価されている田沼意次《おきつぐ》である。意次は足軽身分から異例の出世を遂げたことから、政敵も多かった。意次は九代将軍徳川家重と十代家治に側近中の側近として仕え有能であったが、天明六年（一七八六）、政治クーデターにより失脚してしまう。江戸時代から戦前まで賄賂という負のイメージで語られてきたが、本書では中央における経済官僚改革派としての面、さらには、地元相良での街道整備などの善政を中心に紹介する。

後期田沼氏の三代意尊《おきたか》は、水戸天狗党幕府追討軍の総督として活躍した。維新後の相良には駿府藩の相良奉行所が置かれ、勝海舟や山岡鉄舟らのアイディアによる牧之原台地での茶畑開墾や、太平洋岸唯一の石油産業の創出がなされ、郷土は大いに活性化し繁栄した。

藩成立から明治維新までの二百六十余年間のうち遠州相良藩として存在したのは、田沼氏の前後期合わせて七十三年と本多氏の三十六年と板倉氏の二年半と本多忠央《ただなか》の九年であり、残りは駿府藩領、幕府領、掛川藩預かり、一橋領であった。

城下町相良は、相良湊を中心として藩米のほかに近隣の茶、椎茸《しいたけ》など、物産の集散地として栄えたが、明治二十二年（一八八九）に東海道線が開通すると、海運も衰微《すいび》していった。

でも日本人に藩意識があるのはなぜだろうか。明治四年（一八七一）七月、明治新政府は廃藩置県《はいはんちけん》★を断行した。県を置いて、支配機構を変革し、今までの藩意識を改めようとしたのである。ところが、今でも、「あの人は薩摩藩の出身だ」とか、「我らは会津藩の出身だ」と言う。それは侍出身だけでなく、藩領出身も指しており、藩意識が県民意識をうわまわっているところさえある。むしろ、今でも藩対抗の意識が地方の歴史文化を動かしている。そう考えると、江戸時代に育まれた藩民意識が現代人にどのような影響を与え続けているのかを考える必要があるだろう。それは地方に住む人々の運命共同体としての藩の理性が今でも生きている証拠ではないかと思う。

藩の理性は、藩風とか、藩是《はんぜ》とか、ひいては藩主の家風ともいうべき家訓などで表されていた。

〔稲川明雄（本シリーズ『長岡藩』筆者）〕

諸侯▼江戸時代の大名。

知行所▼江戸時代の旗本が知行として与えられた土地。

足軽層▼足軽・中間・小者など。

伊東多三郎▼近世藩政史研究家。東京大学史料編纂所所長を務めた。

廃藩置県▼藩体制を解体する明治政府の政治改革。廃藩により全国は三府三〇二県となった。同年末には統廃合により三府七二県となった。

シリーズ藩物語 相良藩《さがら》

目次

第三章 城が消えた城下町

完成した城も八年後には破却されて、領地は幕府領、一橋領となる。

これも相良

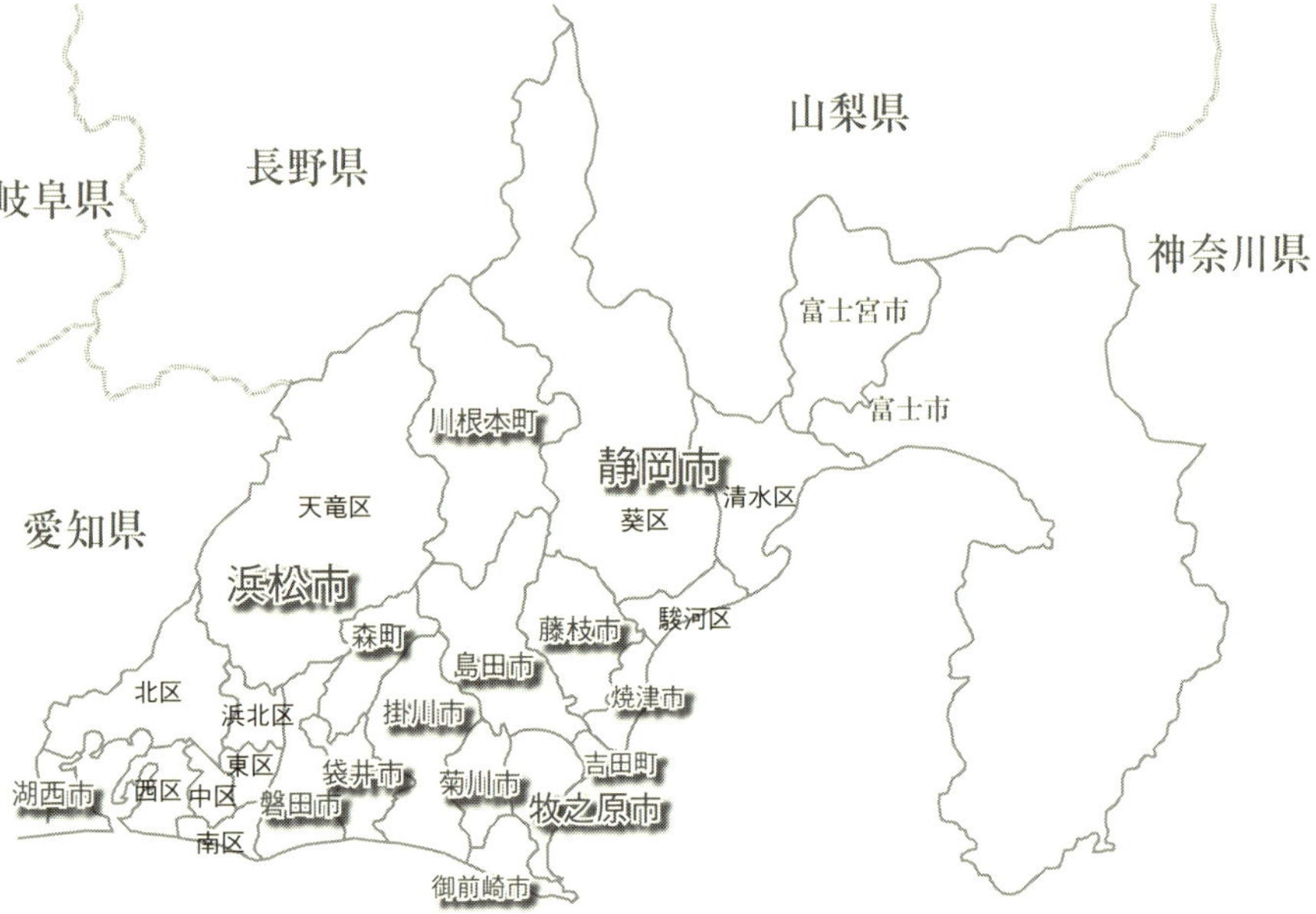
山梨県
長野県
岐阜県
神奈川県
富士宮市
富士市
川根本町
静岡市
清水区
葵区
愛知県
天竜区
浜松市
駿河区
藤枝市
森町
島田市
北区
焼津市
浜北区
掛川市
東区
吉田町
袋井市
湖西市
西区
中区
磐田市
菊川市
牧之原市
南区
御前崎市

陣屋
居城
川成島
興国寺
沼津
小島
駿河
松永
韮山
駿府
遠江
田中
伊豆
井伊谷
久野
掛川
浜松
相良
掛塚
横須賀

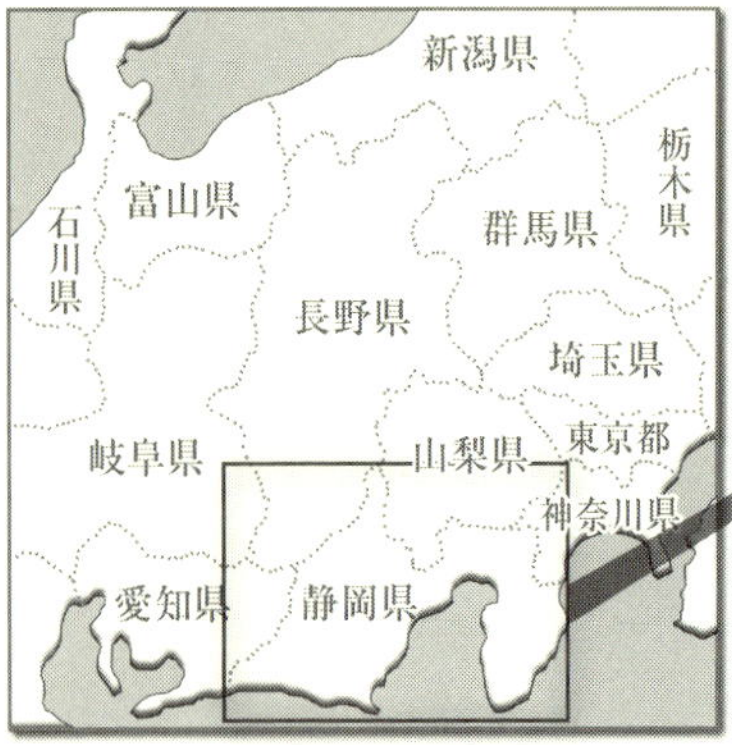
新潟県
栃木県
富山県
石川県
群馬県
長野県
埼玉県
東京都
岐阜県
山梨県
神奈川県
愛知県
静岡県

相良藩所在地

第一章 相良藩成立とその前史

江戸時代中期に大名領となり陣屋が建てられ、田沼時代に城下町が完成する以前。

1 応仁の乱から相良藩立藩まで

応仁の乱が起こると相良氏一族の勝間田氏、横地氏は遠江守護で西軍の斯波方に立ち、駿河守護で東軍方の今川氏の遠江侵略に立ち向かう。その後、武田氏と徳川氏の争いを経て、徳川家康の治政下となる。

今川・武田・徳川の攻防と相良周辺

応仁の乱（一四六七～一四七七）が始まると、全国の守護たちも東軍・西軍に分かれて争ったが、駿河の今川氏は京都で戦っている斯波氏の留守を狙って遠江に侵入を繰り返した。当初は今川の被官でもあった勝間田氏・横地氏もその遠江（遠州）進出の先鋒として活躍したが、やがて反今川方となり今川氏の遠州侵略に抵抗した。

今川氏は一族の内訌《ないこう》もあったものの、やがて遠州も支配領域とし、さらに三河・尾張から京を目指した。

しかし、桶狭間の合戦（永禄三年〔一五六〇〕五月十九日）で織田信長に敗れ今川義元が死ぬと、今川氏真《うじざね》の棟梁としての力はなく、やがて武田信玄・徳川家康により駿河・遠州は蚕食《さんしょく》され、同盟国相模の北条を頼って落ちた。

その後は武田・徳川がこの相良の地にも拠点を築き争った。武田方は諏訪原城（旧・金谷町）・小山城（現・吉田町）・滝堺城《たきさかいじょう》（旧・相良町）等を築き、徳川方の高天神城（現・掛川市）と対峙した。

やがて、天正三年（一五七五）の長篠の合戦で、武田勝頼が織田・徳川連合軍に敗れると、勝頼は多くの家臣を失い、諏訪原城が落城すると小山・滝堺からも撤収し、この地の戦いは終わった。この間に、近隣の白羽神社《しろわじんじゃ》★・飯室乃神社《いいむろのじんじゃ》など延喜式内社と推定される神社が焼かれている。両社とも当時の神職が御神体を持って現・中川根町に避難し、また社名を源氏の守り神である八幡神社に変更したものの、戦火を避けられず、そのために延喜式内社榛原郡五座のうち、三社の特定ができていない。

相良町のはじめ

前浜は大沢区★に属する徳村の前の浜の意味であるが、平安期から鎌倉期に栄えた相良湊やその周辺の集落や平田田圃《ひらたたんぼ》といわれる平野部は、明応七年（一四九八）の東海大地震と大津波により壊滅状態になり、徳村に属する未開地になっていたものと思われる。

徳川家康が相良に来た際★、いわゆる相良御殿に入って休泊したが、その周辺の

白羽神社

飯室乃神社

▼白羽神社
服織田（はとりだ）神社は、御前崎市白羽の白羽（しろわ）神社と思われる。

▼飯室乃神社
飯津佐和乃（いいつさわの）神社は、牧之原市細江の飯室乃（いいむろの）神社と思われる。

▼大沢区
旧・相良町を構成しており、この大沢区の中に徳村があり、現・相良区、現・福岡区は江戸時代初期まで徳村の芝原という無住地帯になっていた。

▼
家康の相良来訪は、年月日の判明しているだけで五回ある。主に鷹狩りであり、また船遊びもあった。

これも相良

徳川家康と相良

徳川家康との関係は、天正九年（一五八一）三月、武田方の守る高天神城を落城させ、次いで相良・滝堺・小山城を攻略すると、翌天正十年には武田勝頼の築いた相良城を修築させ、続いて天正十二年には京松縫之助・長谷川藤太郎らに命じて増改築させ、相良御殿とした。

当時、相良・福岡は一面の芝原で、唯一草分けの治左衛門が町家建設を言上、家康もこれを取り上げた結果、文禄四年（一五九五）には二六軒の新町ができ、慶長十年（一六〇五）頃には前浜町、続いて市場町が拓かれ、その後福岡町も誕生し、町役・廻船問屋・漁船主が家康来訪のお定め乗船を仰せつかった。

『徳川実紀』によれば家康は高天神以後、相良を五回訪れ鷹狩り、川舟遊山をしている。また相良川（現・萩間川）の下流付近を「上徳川」と名付けたとの説もあり、「家康腰掛けの松」もあったという。

家康は元和二年（一六一六）に亡くなったが、死因のテンプラは田中城（現・藤枝市）ではなく相良で食したとの説もある。

芝原には人家がなく、そのしばらく後の文禄四年（一五九五）に町割が命ぜられ立札を建て、ここに住む者の過去は問わず、地子《じし》銭★を免除するから移住をせよとの移住奨励策を取った。その結果、ようやく二六軒の家が建ち、芝原の地に相良新町が成立した。また、徳村の畑であった芝原の砂丘上にできた前浜《まえばま》町と市場町《いちんばまち》も、伊那備前守忠次の検地の後、この地を支配した島田代官長谷川藤兵衛長盛が代官になった時は家康の命により地子免除となっており、慶長十年（一六〇五）には一軒につき屋敷地四畝《せ》（一二〇坪）を与え、前浜町は二四軒で九反六畝を、市場町は二六軒で一町四反四畝を与え、両町の集落が創出されたという。

そして、「徳村下町」ともいわれる福岡町《ふくおかまち》については、正保元年（一六四四）か

▼**地子銭**
地代のこと。

ら慶安元年（一六四八）に至るまでの間は、掛川藩主松平伊賀守（のち伊豆守）忠晴の預かり地となっていたが、この支配下の正保二年（一六四五）に成立し、やがて相良三町《さんちょう》と合わせて「御城下四町」と呼ばれることとなる。

ここには西は紀州・伊勢・近江・尾張・三河方面、東は清水・伊豆方面から新たに人が来て、町割ができた。現在も残る近江屋（山崎姓）・大坂屋（小山姓）をはじめとする商店や、竹内・伊東・久保姓や浄土真宗大沢寺《だいたくじ》の檀家に移住者が多く、また菅山・萩間等周縁部からの町部移住もみられる。

相良の地は、松平伊豆守の支配の後、掛川藩主北条出羽守・同井伊兵部少輔の支配を受け、再び幕府直轄地となり、代官支配を受けることとなった。

元禄元年（一六八八）に代官となった美濃部五郎右衛門の時、二つの変化が起きた。一つは宝永四年（一七〇七）の相良御殿の田畑化《でんぱたか》である。かつて家康が相良に来て休泊したことにより相良御殿と呼ばれ、その後、掛川藩主井伊兵部少輔直好の頃は柑子《こうじ》蜜柑《みかん》を植え、江戸にも運ばれていた地を検地して、ここも含めて御城下四町の地子免除を解除して年貢を賦課したのであった。

相良町の領主支配

相良藩立藩までの江戸期の領主支配の大筋を『三城発端上細記』★から見ておく。

▼『三城発端上細記』
表題の文字が「上細記」とも「巨細記」とも読めるが、ここでは「上細記」をとった。

①「紀州大納言様御知行ニ罷成候、此時御代官ハ長谷川藤兵衛殿」とあり、徳川家康の一〇男、徳川頼宣《よりのぶ》が慶長十四年（一六〇九）に常陸国水戸から駿河・遠江両国五十万石で入封《にゅうほう》した際、相良もその領地となった。この時の頼宣の年齢は八歳であり、実質的には駿府にいた家康の家臣により支配されており、代官は島田代官の長谷川藤兵衛が務めた。

元和二年（一六一六）に家康は逝去し、頼宣も元和五年に紀伊国和歌山に転封され、官位も大納言に昇進し、尾張藩・水戸藩と共に徳川御三家を担う大藩の祖となったのであった。

②「駿河大納言様御知行所ニ罷成候、此時御代官福村長左衛門殿」とあり、駿河大納言とは二代将軍徳川秀忠の子で徳川忠長を指す。

忠長は、三代将軍にふさわしい聡明さと優れた体軀と容貌をもち期待されていたが、家康は世嗣争いの原因をつくらないよう長子相続を原則としたため、兄の家光を将軍とした。世嗣争いに敗れ甲斐・駿河・遠江等五十万石の領主となり、駿府に入封したものの、不満は残った。

寛永三年（一六二六）、将軍家光が上洛する際、忠長は大井川に船を並べ、その上に板を張り、土を盛った船橋を架けて徒渉《としょう》の便を図った。これに対し、祖法★を破るものとして糾弾され、寛永七年には駿府浅間《せんげん》神社の猿が、周辺の田畑に出没し農作物を食い荒らしたためこれを退治したが、神獣を殺したとして指弾され、家臣を手

▼祖法
家康以来、大井川に架橋しない法。

打ちにしたとか発狂したとかの理由で翌八年五月には甲府に蟄居《ちっきょ》を命じられ、翌九年には上州高崎の安藤氏に預けられ、寛永十年十二月に自刃し、領地は没収された。

③「御蔵領ニ罷成、御代官遠山六左衛門」とあり、徳川忠長が改易され幕府直轄領となり、代官支配となった。

④「本多能登守殿御知行所ニ罷成」とあり、掛川藩主本多忠義の支配下になっている。忠義は寛永十六年（一六三九）三月、播磨国七万石から入封、六年後の正保元年（一六四四）、越後村山に転封、この六年間の支配であった。

⑤「松平伊賀守殿正保元甲申年ヨリ慶安戊子年迄御知行所、此時相良領壱万石御預リニ罷成福岡町之儀ハ、正保二年始而町割被仰付候」とあり、正保元年（一六四四）から慶安元年（一六四八）までの四年間、掛川三万石のほかに相良領一万石を預かり地として掛川藩主松平伊賀守忠晴が支配した。この正保二年に福岡町の町割がなされた。松平忠晴は丹波亀山に転封されている。

⑥「北条出羽守殿慶安元戊子年ヨリ万治元戊戌年（一六五八）迄御知行所ニ罷成」とあり、掛川藩三万石藩主北条氏重領であった。この氏重はすでに六十歳を過ぎておりながら世嗣がなく、掛川城下に家光廟を造るなど特別な配慮を求めたが、没後、御家断絶となった。

⑦「井伊兵部少輔万治元戊戌年ヨリ元禄元戊辰年（一六八八）迄、御知行所罷成、是迄預り所、此時御殿之蜜柑江戸へ参候」とあるが、『寛政《かんせい》重《ちょう》修《しゅう》諸《しょ》家譜《かふ》★』では

▼寛政重修諸家譜
寛政元年（一七八九）、松平定信が大目付桑原盛員に全大名の家譜編集を命じ、調査に取り掛からせ文化九年（一八一二）に完成。旗本・大名・公家の系図と伝記の集大成で、一五三〇巻。田沼政治が人物（能力）本位の政治をしたため、改めて家系図を提出させた。

万治二年（一六五九）正月二十八日となっている。井伊兵部とは井伊直好のことで、御家断絶した北条氏重の次の掛川藩主である。

井伊直好は三河国西尾三万五千石から、万治二年正月に掛川に転封、同年二月二十日に相良領のうち、御料★一万石が直好に預けられ四万五千石の大名となった。

井伊兵部少輔直好は寛文十二年（一六七二）正月に没し、この後は井伊直武が継いだものの、相良領は翌寛文十三年に六千三百石分、元禄二年（一六八九）には二千二百石分の合わせて八千五百石が代官領となり、延宝七年（一六七九）には二千五百石余が酒井日向守忠能に渡されていたから、相良の御料地一万石余は掛川藩支配から直轄領（代官支配地）と酒井忠能領となったのである。

⑧「代官支配」について。元禄二年（一六八九）以降は、宝永三年（一七〇六）までの間に七人の代官がこの地の支配にあたっている。

美濃部五左衛門代官所	元禄二年より	川井代官所★
井出次左衛門代官所	元禄五年より	川井代官所
近山六左衛門殿	元禄六年より	島田代官所
外山小作殿	元禄十年より	島田代官所
長谷川藤兵衛殿		島田代官所
平岡金左衛門殿	元禄十六年より	島田代官所
窪嶋市郎兵衛殿	宝永二年より翌三年まで	島田代官所

▼御料
当時の相良地域（片浜・大江・大沢・波津を含む）の一万石余の土地。

▼川井代官所
川合、河合、川相とも書く、現・袋井市にあった。

◆2

相良氏の肥後国下向とその後の管理者

応仁の乱以前の相良の地を支配したのが、地名が由来となる相良氏だが、肥後国へ移された。その後、相良荘を引き継いだのは、上杉一条三位憲藤で、幻の人物ともいわれる。明応七年、それ以前の相良を根幹から壊滅させる大地震と大津波が襲ってきた。

相良氏と相良荘

相良氏、相良荘（庄）は、相良の地名に由来している。

相良氏の系譜については異説もあるが、通説では遠祖は藤原鎌足の第二子、藤原不比等の長子武智麻呂（南家）で、乙麻呂→是公《これきみ》→雄友《かずとも》→弟河《おとかわ》→高扶《たかもと》→上総介清夏《きよか》→常陸介維幾《これちか》→遠江権守《ごんのかみ》為憲《ためのり》（初めて木工助となり、工藤氏を称す）→時《とき》理《まさ》と続き、相良氏の祖は従五位下遠江守維兼《これかね》であり、兄の駿河守時信は伊東氏の祖とされる。

二代目は従五位下遠江守維頼《これより》、次の三代目は上総介周頼《かねより》で、初めて相良氏を名乗ったとされるも後継者がなく、一族の伊東八郎左衛門祐光《すけみつ》の第二子を養子として相良光頼となり、頼寛《よりひろ》→時邑《ときむら》★→頼繁《よりしげ》→頼景《よりかげ》→長頼と続く。

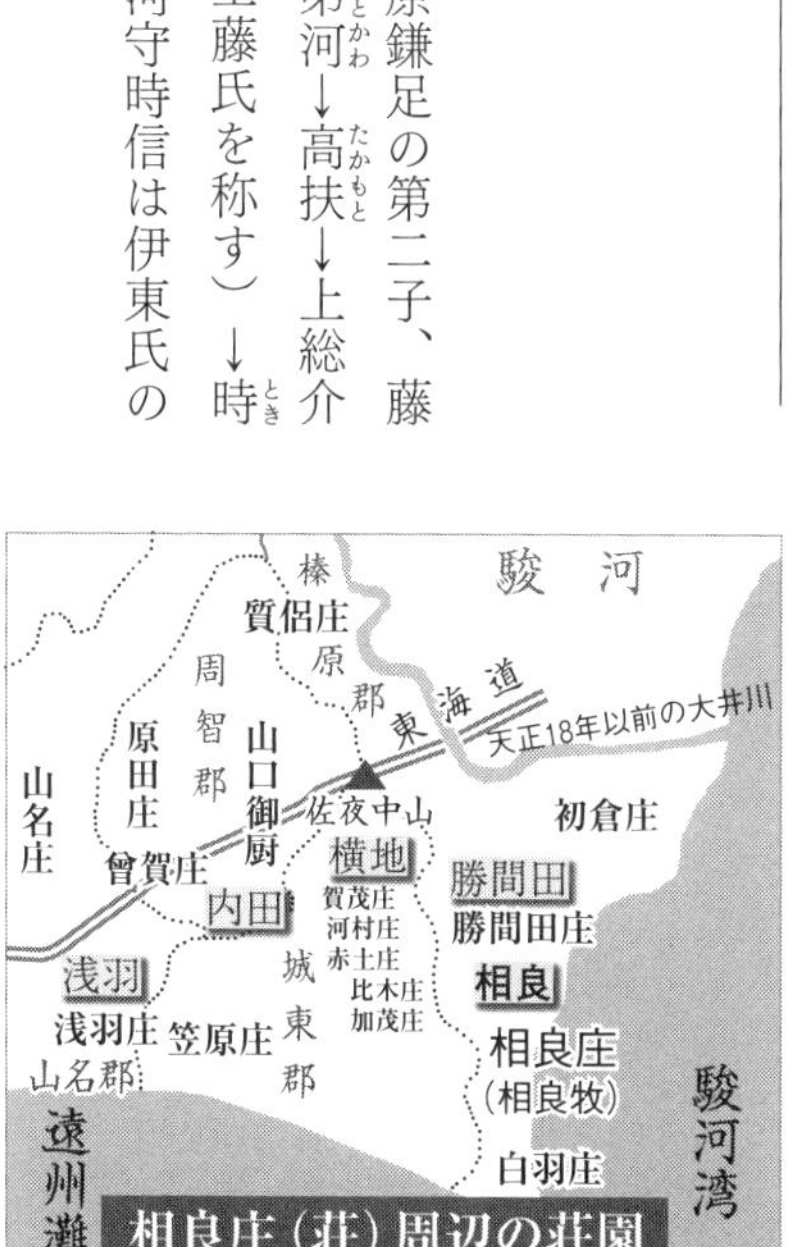

相良庄（荘）周辺の荘園

▼時邑
時邑は『続群書類従』に名が載るが、『寛政重修諸家譜』に記述がないので、後掲の「相良氏系図」からは省いた。

相良荘の荘域は、北西の質侶《しとろ》荘、北の勝間田荘、北西の河村荘、西の加茂荘、南西の笠原荘に接した遠州中西部にあり、東は駿河湾に臨んでいる。

「相良」の初見は、延喜五年（九〇五）に醍醐天皇が藤原時平に命じて編纂させた『延喜式★』にある国・郡・郷制の中に、「遠江国、郡一三・郷九六」とあり、その榛原郡一駅（初倉〔現・初倉の大半は質侶荘、現・大井川町、吉田町域〕）八郷の中にあり、この中の大江郷と相良郷の二郷により相良荘は構成されている。

承平四年（九三四）頃にできた『倭名類聚抄（倭名抄★）』では、榛原郡九郷とある。相良荘の立荘は、天永二年（一一一一）とされ、相良周頼が自らは荘司《しょうじ》となり、やがて今出川太政大臣家を領家★、蓮華王院を本所★として成立し、鎌倉期の『国牛十図』『駿牛絵詞』によれば、相良牧（相良荘）を経営したのは貞応元年（一二二二）、太政大臣となった西園寺公経《きんつね》とその二男実有《さねあり》を祖とする清水谷《しみずだに》家であったという。

また、「相良荘」の初見は、文永二年（一二六五）二月七日の「遠江国三代起請地並三社領注文写」（教王護国寺文書一）に「相良牧　蓮華王院」とあり、ここでの「牧」は「荘」と同じと考えられる。

なお、教王護国寺《きょうおうごこくじ》は真言宗東寺のことで、蓮華王院は三十三間堂の寺号であり、長寛二年（一一六四）、後白河法皇の発願《ほつがん》により、平清盛が院御所の法住寺殿《ほうじゅうじどの》の中に建造したとされる。

▼延喜式
古代の法典。五〇巻。延喜五年、醍醐天皇の命令で編纂を始め、延長五年（九二七）、藤原忠平らにより撰進され、修訂を加えたのち、康保四年（九六七）に至り施行される。巻九・一〇は神名帳とも称され、登載の神社は式内社として後代も重視された。

▼倭名抄
承平年間（九三一～九三八）成立、源順（みなもとのしたごう）撰。現存最古の分類体漢和辞書で十世紀前半期の語彙・文物を示す。

▼領家
荘園領主の呼称の一つ。寄進地系荘園において本家に次ぐ地位にある領有者だが、名目的な本家に代わって荘務権をもつ場合が多い。

▼本所
荘園領主の呼称の一つ。もともと「本来の所」の意であるが、一般には現実に荘務権を行使している荘園領主を指す。

鎌倉時代の相良荘二四カ村は、萩間《はぎま》・大寄《おおより》・黒子《くろこ》・中西《なかにし》・白井《しらい》・和田《わだ》・菅谷《すげがや》・松本《まつもと》・中村《なかむら》・男神《おかみ》・女神《めかみ》・海老江《えびえ》・平田《ひらた》・園《その》・徳村《とくむら》・波津《はず》・鈴木《すずき》・落合《おちい》・新庄《しんしょう》・遠渡《おんど》・二谷・三島・白羽《しろわ》・笠名《かさな》であった。なお下段の九カ村は大江郷★である。

相良氏館

相良氏館《やかた》は旧・相良町大沢の「中島」と呼ばれる場所に比定されてきた。この大半は牧之原市営野球グラウンドとなり、わずかに名波義晴氏の所有地が更地《さらち》として残されていて、ここに相良史蹟調査会が「相良氏館跡」という棒碑《ぼうひ》と解説板を建て、それと知れる。

伝承では西側に萩間川が流れ、この地の背後に白山神社を擁した小高い山があり、東には三本松の地名があり、その南側に館があったとされる。

本来、中島という地名は川の中洲を意味するが、この中島も萩間川（江戸時代までは相良川）の下流の微高地にあり、この地番が萩間川左岸の大江ではなく右岸の大沢（川向こう）であることを見れば、当時の萩間川本流は館の東側を流れていた江湖田川（今は明治三十九年〔一九〇六〕の耕地整理で農業用水の一部として残る）の可能性があり、萩間川と江湖田川の中洲＝中島の意味であったものと思われる。

▼大江郷
萩間・黒子・中西・白井・和田・中村・男神・海老江・平田の九カ村。

相良氏館跡

牧之原市建設課所有の明治二十年代初期の古地図によれば、萩間川に隣接して「川向こう地番」に堀跡が判然と残されており、相良氏館跡の確信をもっている。

これまで相良氏館が不明であった理由は、あまり知られていなかった明応七年（一四九八）の東海大地震で、志太郡《しだぐん》の平野部や相良の海岸および平野部が壊滅的な被害に遭い、鎌倉期以降の樋尻川《といじりがわ》★河口にあった相良湊も中島にあった相良氏館跡も、樋尻川や萩間川・江湖田川を溯った大津波の被害に遭い、いわゆる平田田圃は水没・流失したためであった。

相良を含む榛南《はいなん》地域は戦国期から江戸時代前期にかけて、被害に遭わなかった牧之原台地周縁部の住民、西は紀州・伊勢・尾張・近江・三河方面、東は伊豆等から移住して来た人々により再建されていて、旧相良町内の社寺も周縁部に古い社寺が多く、町部の社寺は江戸期のものが多い。

これ以後の宝永四年（一七〇七）十月二十八日の東海大地震、安政元年（一八五四）十二月二十三日の東海大地震による津波被害もあったが、相良氏館が判然としなかった他の理由に、享保十三年（一七二八）には相良藩三代藩主本多忠如《ただゆき》が市場町《いちんばまち》に居館を造る際、初めて相良川に仮橋を架けて人足に畚《もっこ》でこの土を運ばせていること、また藤枝から相良までの軽便の藤相《とうそう》鉄道が大正八年（一九一九）、相良駅まで開通したが、その相良駅建設にあたっても駅が低い堀跡にあたったため、相良氏館跡の土を埋め立てに使ったとされ、明治三十九年（一九〇六）の耕地整

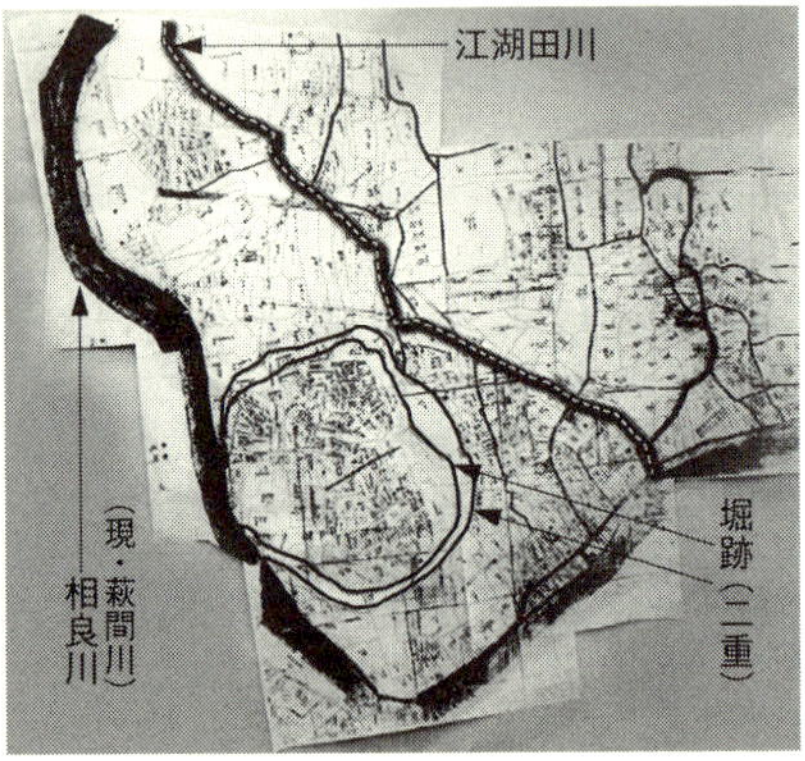

相良氏館跡図（写真提供：牧之原市建設課）
堀の内側に相良氏館があった

▼樋尻川
別名を鎌倉川といい、下流に鎌倉河岸の地名も残る。

理とあいまって周辺が均《なら》されてしまったためと思われる。

中世に肥後へ下向した相良氏

相良周頼《かねより》が相良荘に居住以後、先に記したように光頼・頼寛・時邑・頼繁・頼景の五代が続き、この頼景が建久四年（一一九三）頃、理由は判然としないものの、源頼朝の命で肥後国球磨郡多良木村《くまぐんたらぎ》に下向したが、建久四年の何月かは不明である（『洞然状』に拠る）。

その際、長男八世長頼に相良荘を任せ、一族の平原次郎頼範、その弟新堀又四郎頼兼等わずかな人数で多良木村に入り、球磨川沿いの黒肥地《くろひじ》（現・熊本県球磨郡多良木町蓮花寺跡）に館を設け、地頭伊勢弥次良《やじろう》のもとで堪食米《かんじきまい》★をあてがわれている。

人吉藩の『求麻外史《くまがいし》』によれば、相良荘とは別に恩賞として多良木村を賜ったとする説もあるものの、ほとんどは多良木村追放説である。

その①は、甲斐源氏、武田・安田氏のおかげで鎌倉幕府の将軍となった頼朝は、次第に甲斐源氏の一掃を図り、建久四年には遠江守安田義定の所領没収を行い、翌年、甲斐国において誅殺《ちゅうさつ》したが、安田氏の麾下《きか》にあった相良頼景も遠流《おんる》されたとする説。

▼**堪食米**
宛行扶持（あてがいぶち）のこと。

その②に、建久四年五月十七日の富士の裾野の巻狩りの際、曾我兄弟の仇討ち事件があり、これに一族として連座したという説で、工藤祐経《すけつね》を父河津祐泰の仇として曾我十郎祐成《すけなり》・五郎時致《ときむね》兄弟が仇討ちした際、将軍頼朝の陣屋に侵入、将軍殺し計画の疑いもあり、工藤・曾我・伊東一族の相良氏が流されたとするものである。

しかし、建久八年には頼景は源頼朝に謁見、同年の頼朝の信濃国善光寺参詣の際に、親衛隊である後陣二〇騎の中にその名が載っていることから見ても、また翌九年、多良木荘の地頭に補任《ぶにん》され、さらに翌年、肥後国鹿本郡泉新荘内山井名を補任されていることから見ても、猜疑心《さいぎしん》の強い頼朝の疑いは晴れたものと思われる。

頼景の後継は長男長頼の二男弥五郎頼氏で、以後この系譜を上相良氏《かみさがらし》と呼び、のち人吉に下向した長頼から始まる系譜を下相良氏《しもさがらし》と呼ぶ。これは肥後国球磨郡の球磨川上流・下流の関係かと思われるが、南朝支援の上相良第八代相良左衛門尉頼観《よりみ》の時、北朝支援の下相良（十一代相良長続《ながつぐ》）との間に確執が生じ、相良堯《あき》頼《より》★を追ったものの、山田城主永留《ながとめ》左近将監長続のために滅ぼされ、八代二百二十余年で上相良氏は滅亡した。

頼景の墓所は球磨郡多良木町の青蓮寺裏山にあり、法号を蓮寂という。

青蓮寺本堂。裏山に相良頼景の墓がある
（熊本県球磨郡多良木町黒肥地）

▼相良堯頼
下相良氏の一族。

相良荘に残った長男長頼は弟宗頼（内田）・頼平（山北）や遠江国相良常福寺の弘秀《こうぐ》上人等を同道し、建久九年、球磨郡人吉に下向した。これは前年の建久八年に、父頼景が頼朝に謁見し、善光寺参詣の後陣を務め、翌年には多良木荘を拝領しているから、この父を慕って下向したものではないかとされている。

なお、相良長頼の人吉荘本補地頭《ほんぽじとう》★補任は、七年後の元久二年（一二〇五）七月二十五日、鎌倉幕府三代将軍源実朝下文《さねともくだしぶみ》によるものであり、同年六月の北条時政の畠山重忠討伐（武蔵国二俣川の戦い）の際、北条義時に従い手柄をたてた「相良の袖切鎧《そできりよろい》」の武名によるものであった。

球磨郡人吉荘もまた相良荘と同じく、蓮華王院領であった。この荘園は源平合戦前は池《いけの》大納言頼盛の所領であり、平家没官領《へいけもっかんりょう》★として没収されたものの、頼朝は命の恩人である池禅尼《いけのぜんに》★の恩義に報いるため、長男の平頼盛に返却していた。しかし文治二年（一一八六）、頼盛の死亡後も人吉城にはその代官として矢瀬主馬《やぜしゅめの》佑《すけ》がいた。この九州中部山岳部には平氏の落人伝説も多く、平氏の残滓《ざんし》を除く意味で、源頼朝が相良頼景・長頼をこの地に配置したとも考えられる。

事実、長頼は矢瀬氏を滅ぼし、現地勢力を支配下に置き、鎌倉幕府の期待に添う活躍をし、以後、下相良氏は薩摩国・日向国等近隣諸国との抗争、一族内の内紛、承久の乱★（一二二一）・元寇（文永の役＝一二七四、弘安の役＝一二八一）・朝鮮出兵（文禄の役＝一五九二〜一五九六、慶長の役＝一五九七〜一五九八）・関ヶ原の戦

▼本補地頭
承久の乱（承久三年／一二二一）以降に設置された新補地頭に対して、それ以前の地頭を指す。

▼平家没官領
朝廷に没収された平氏の所領・所職（しょしき）。寿永二年（一一八三）七月、平氏が都落ちすると、一門の官職の剝奪（没官）が行われ、兵糧用途として源義仲・源行家に二三〇カ所の没官地が給与された。義仲没落後は、五百余カ所の所領が源頼朝に一括給与された。

▼池禅尼
平忠盛の後妻で清盛の継母。忠盛没後即日出家し、六波羅邸内の池殿（いけどの）に住んだところから池禅尼と呼ばれた。平治の乱で捕らえられた源頼朝が、夭逝の家盛に似ていると知り、清盛に助命嘆願した結果、頼朝は減刑されて伊豆遠流となった。

▼承久の乱
後鳥羽上皇が倒幕を図って挙兵した事件。乱に加担した人々の所領三千余カ所は没収され、東国の御家人が新補地頭として補任され、鎌倉幕府による一元支配が確立した。

い（一六〇〇）等々の試練を乗り越え、江戸期には人吉藩を治め、六百七十年間の歴史を経て明治維新を迎えることとなる。

長頼は建長六年（一二五四）三月十日、七十八歳の生涯を終え、墓所は遠州相良から下向した弘秀上人の建立した新義真言宗★願成寺金堂前にある。法号は蓮仏であった。

その後の相良荘と相良氏

建久九年（一一九八）の相良長頼の人吉下向の際、幼かった異母弟の頼忠・頼綱・長綱は相良に残ったとされる。しかし頼忠はその後九州に下り、相良小藤太長綱も多良木に移り出家して西心法師と称したという。

ところで承久の乱（一二二一）に際し、相良長頼・宗頼・頼平の宇治川の合戦等での戦功により相良氏は遠江の故地を復し、また播磨国飾磨《しかま》郡《ぐん》を拝領しており、一時、遠州佐野郡の原氏に身を寄せていたと思われる河《かわ》駲《せ》七郎頼綱は、再び相良荘に居住した。

建久九年から九十五年後の正応六年（一二九三）の「相良家文書」譲状によれば、上相良（多良木）二代目頼氏が長男頼宗に遠江国相良荘堀内・重松★の所領を譲与している。

▼新義真言宗
東寺や高野山金剛峯寺を中心とする空海以来の真言宗（古義真言宗）に対して、鳥羽法皇より大伝法院を建立してもらった覚鑁（かくばん）を宗祖とする真言宗の一派。末法の時代には密教にも浄土教を取り入れるべきと考え、大日如来＝阿弥陀如来説を展開、覚鑁は真言座主となるも守旧派に襲撃されて山を下り根来寺を中心に全国に波及した。

▼堀内・重松
堀内は旧・相良町菅ヶ谷に堀之内があるものの、重松は比定地が不明である。

「人吉城縄張図」

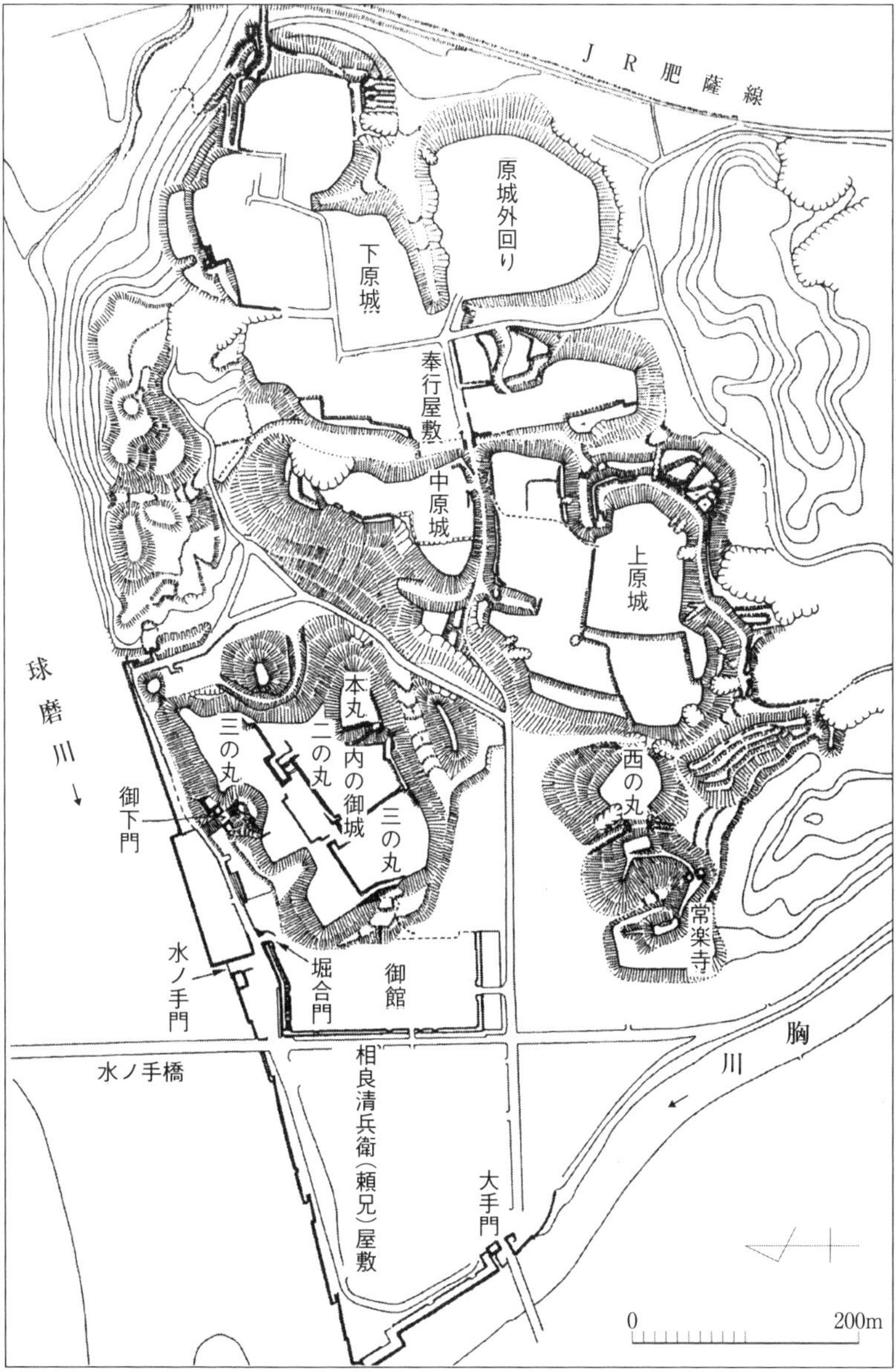

池田こういち著『肥後相良一族』より、一部分、文字などを打ち替え

　また、熊本県玉名郡玉東町の山北相良氏（相良頼平）の墓地、西安寺廃寺五輪塔碑文に「正嘉元年（一二五七）」「正応元年（一二八八）」「嘉元二年（一三〇四）」の三基があり、嘉元二年の碑に「遠江国住人相良三郎左衛門入道浄位」等とあり、建久九年（一一九八）の長頼の人吉下向より百年以上たっても、本貫の地の遠州相良を強く意識していることがわかる。

　ところで、相良町大江の臨済宗吸江山平田寺《きゅうこうざんへいでんじ》にある県指定文化財宝塔基礎台座正面に「延慶三年（一三一〇）庚戌正月□日願主沙弥如蓮」とあり、県下最古の在銘石塔とされている。

　ところが熊本県人吉市温泉町の川野邸に一重宝塔があり、「右志者為如蓮聖霊位也　永仁二年（一二九四）六月十九日　孝子縛日羅僧円鑁《えんばん》」とあり、共通するこの如蓮が誰なのか問題となった。これまで『遠江国風土記伝』等では、相良氏の後に小夜《さよ》の中山で怪鳥（刃の雉《やいばのきじ》）を退治し、相良荘を賜り、平田寺を開いた上杉一条三位憲藤《のりふじ》が「如蓮」にあてられていたが、人吉市に同じ「如蓮」の宝塔の存在が判明し、人吉市のほうが年代が古く、しかもその時「如蓮」は亡くなっているため、平田寺の「如蓮」をどう考えるか、新たな悩みとなったのである。

　郷土史家の故川原崎次郎氏は人吉市の宝塔が十六年も早く、すでに如蓮は亡くなっているはずで、平田寺の宝塔の「願主如蓮」は死者の追善のための造塔であり、延慶三年当時の近親者である相良頼貞の子の誰かが、父頼貞（沙弥如蓮）の

県下最古の平田寺宝塔

名を借りて造塔したものとしている。

また天和三年（一六八三）頃に編纂された豊後国日田《ひた》地方の史書『豊西記』によれば、相良七郎頼綱の孫頼貞が筑後国三池荘《みいけのしょう》山本村（現・福岡県大牟田市）を領し、その孫の頼員《よりかず》は延文★元年（一三五六）、北朝方として海西の役を務め中務《なかつかさの》丞《じょう》に任ぜられ、頼貞四世の孫頼勝が豊後国日田郷に拠り大友氏に仕え、その五世の孫頼定は竹田村（現・大分県竹田市）に住み得斉入道となり、その子頼道（法名潭龍《たんりょう》）が東本願寺末の平野山願正寺を寛永二年（一六二五）に開いている。

これらの資料により相良頼綱の一族は孫の二世頼貞まで、相良荘に残留していたことが推定されている。なおその居館は中島であったか、上相良二代頼氏より頼宗が譲られた相良荘堀内（現・牧之原市菅ヶ谷堀之内）であったかは、堀之内一帯が未発掘のため定かではない。

▼延文
北朝年号。後光厳天皇の治世。延文元年は南朝年号正平十一年。

相良氏系図

藤原為憲《ためのり》（従五位下遠江権守 工藤を称す）……**時理**《ときまさ》―**時信**《ときのぶ》（伊東氏祖 駿河守）―①**維兼**《これかね》（相良氏祖 従五位下遠江守）―②**維頼**《これより》（従五位下 遠江守）―③**周頼**《かねより》（右京大夫 下野権守 上総介）―④**光頼**（伊東祐光の第二子 養子、右京大夫）―⑤**頼寛**《よりひろ》（飛騨判官藤太）―⑥**頼繁**《よりしげ》（従五位下、大膳大夫）―⑦**頼景**《よりかげ》（相良三郎四郎 蓮寂公）―⑧**長頼**（九州相良家第一代）―**頼親**（九州相良家第二代）

①〜⑧は相良氏初代からの代数
三代周頼からは相良に在住したため、周頼を初代とする記録もある。

ところで、相良氏が下向した熊本県人吉市、多良木町には国宝を含む国指定の建造物が一一もある。これは遠州からの文化の移植であったとされるが、旧・相良町には室町期の石像物はあっても平安期・鎌倉期の遺物は見当たらない。また相良氏の館跡も判然とせず、その原因は不明であった。ところが平成二十三年（二〇一一）の東日本大震災以降、地元の地震研究が進み、千年に一度の大地震とされる、明応七年（一四九八）の東海大地震による大津波に起因していたことが判明した。この地震と津波が、相良氏の遺跡と相良荘を飲み込んでいたのである。

以上、相良氏関係を見てきた。

さて、「落ち行く先は九州相良」という言葉がある。これは長年、相良長頼の人吉下向を指すものと思っていたが、実は大きな誤りであった。

この言葉は、天明三年（一七八三）の浄瑠璃「伊賀越道中双六」の名文句であり、翌年には歌舞伎「伊賀越乗掛合羽」として上演され、世間に広まったという。

これは「日本三大仇討ち」の一つとされる、寛永十一年（一六三四）の伊賀上野「鍵屋の辻」で行われた仇討ち事件で、渡辺数馬が弟の仇、河合又五郎を荒木又右衛門の助力で討ち取った話をもとにしており、その河合又五郎が江戸の旗本久世三四郎を頼り、その結果、外様大名と旗本との対立を生み、事件は大きくなった。

この河合又五郎が九州の人吉藩相良家に士官することとなり、一行が大和路を通過することを知り、渡辺数馬がここ「鍵屋の辻」で一行を待ち伏せしたものであり、一般には荒木又右衛門の三六人斬り（実際は四人らしい）として知られている話で、人吉に落ち行くのは河合又五郎だったのである。

相良氏の後の相良荘を管理した人物として、『平田寺草創記』『大江八幡宮由緒』『小夜中山怪物退治』『金谷町史』等にある上杉一条三位憲藤がいる。

伝承では、小夜の中山に刃《やいば》の雉《きじ》という怪鳥が出て旅人を襲うため、この怪鳥退治をしたのが上杉一条三位憲藤であり、その恩賞として相良荘を賜り、東中館《ひがしなかやかた》を建て弘安六年（一二八三）に平田寺《へいでんじ》を創建、ちなみに開山龍峰和尚は相模国鎌倉円覚寺二世、仏光和尚の法孫で上杉掃部頭《かもんのかみ》頼重★の子である。

弘安七年、邸内に鎌倉鶴岡八幡宮を勧請し、四十三年後の嘉暦二年（一三二七）、夢枕に現れた白髪白髭《はくはつしらひげ》の老人の言にしたがって小巻山に八幡宮★（現・大江八幡宮）を移したとされる。

また金谷町の伝承では、刃の雉退治の間、菊川《きくがわ》の愛宕庄《あたごのしょう》司《じ》宅《たく》に逗留し、娘の白菊姫との間に恋が生じ子をなし、それを知った父親に勘当された白菊姫が川に身を投げた「菊石伝説」や、憲藤を慕って京に上る途中、京より任国相良へ下る憲藤と再会し幸せに暮らした「白菊姫伝説」などとして伝わっている。

平田寺本堂
（写真提供：牧之原市教育委員会）

▼上杉掃部頭頼重
妹の子が足利尊氏・直義、孫が一条三位憲藤。

▼小巻山に八幡宮
最初、小巻山八幡宮とされたが、江戸時代には小牧山八幡宮、小巻山八幡宮と両方の表記がみられ、現在は大江八幡宮と改称。ちなみに、村名は小牧としか表記されない。

相良町大江字東中《ひがしなか》にはその館跡とされる土塁を残す場所があるものの、歴史上、この人物の特定はできていない。何人かある「上杉三位」も時代的に適合しないからである。

しかし最近の研究では、上杉頼重の娘清子と足利直義の間に生まれた「堅勝妙長大比丘尼」が、東中館近くの相良町菅山に建武二年（一三三五）、金剛山華蔵院《けぞういん》を開創しているため、時代的には少しずれるがその弟上杉半弥重澄をあてる説もある。

平田寺も最初は南朝方であったものが、やがて北朝方の今川氏の支援を得ており、複雑な立場を反映した記録となったものかもしれないが、相良町、金谷町の記録が一致しているのも不思議ではある。

明応七年の大地震と大津波

相良氏の肥後国球磨郡多良木荘・人吉荘下向の際、宗像兵部大夫を案内に出帆した相良湊は樋尻川《といじりがわ》河口にあった港であるが、明応七年（一四九八）の東海大地震とその津波により壊滅的被害を受けたことが推測される。

近年は明応の東海大地震は千年に一度の大地震とされマグニチュード八・四以上あり、東海・東南・南海大地震と連動し、大津波は鎌倉鶴岡八幡宮の参道を駆け登り、鎌倉高徳院の大仏殿の建物を流失させ、東海道新井では浜名湖を遠州灘とつなげ汽水湖とし、志太平野《しだへいや》では二万六千余人を溺死させたという。

この志太平野の溺死者の記録は、焼津市坂本の曹洞宗林叟《りんそう》院《いん》の『林叟院開闢《かいびゃく》歴世記《れきせいき》』、『駿河記《するがき》』、『志太郡誌《しだぐんし》★』にあり、これを『大日本地震資料一』で取り上げたものの、地震学者たちは東日本大震災

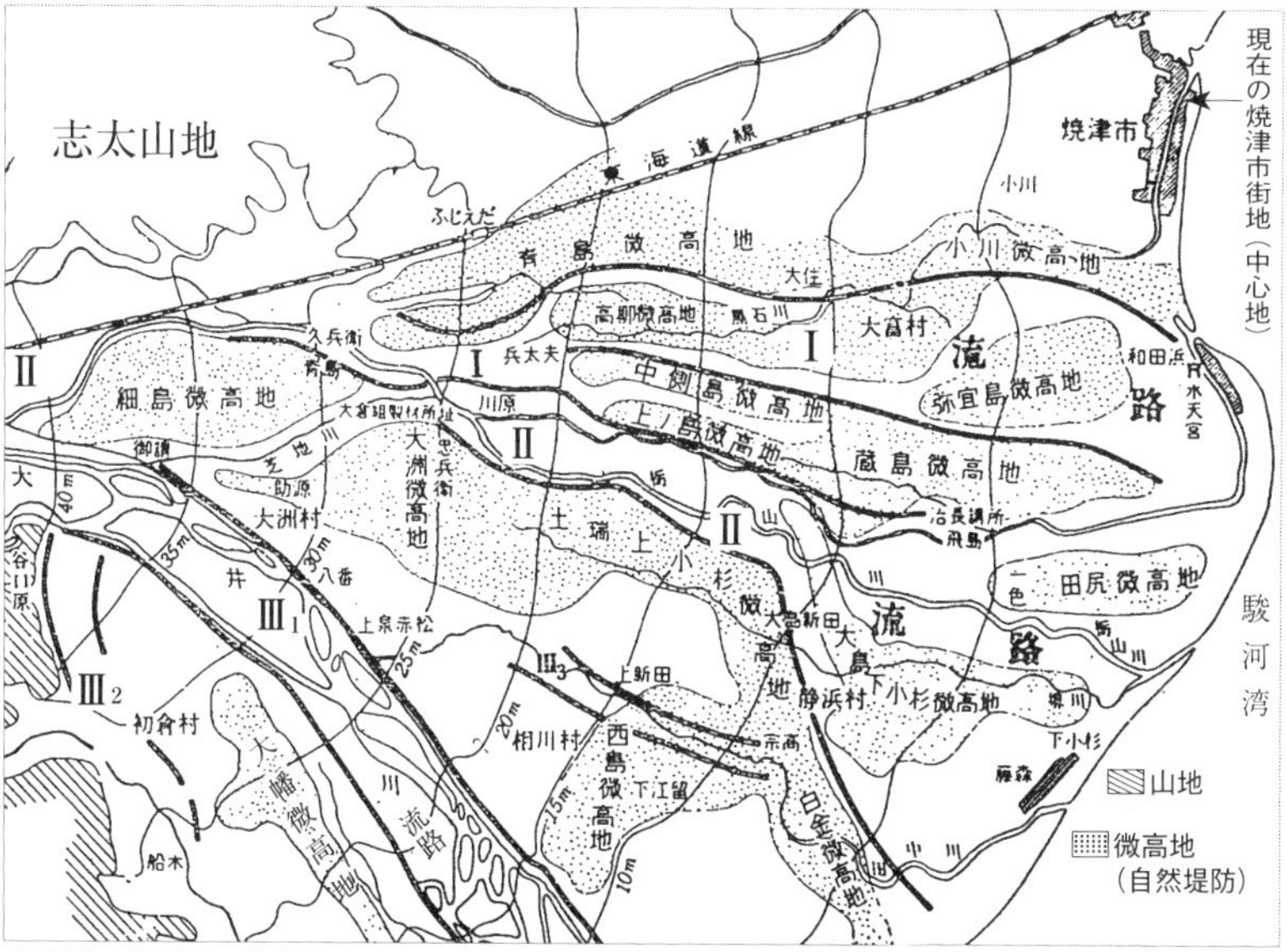

大井川下流平野の等高線と微高地分布図（浅井治平著『大井川とその周辺』より、一部分、文字などを打ち替え）
志太平野と大井川の流路の変遷（Ⅰは黒石川ルート、Ⅱは栃山川ルート、Ⅲ$_1$は現行大井川ルート、Ⅲ$_2$は洪水時の一時的ルート）。志太平野は奈良・平安時代は志太の浦と呼ばれ、自然堤防・浮き島の間に湾入していた

▼『志太郡誌』
『林叟院開闢歴世記』の記録を『駿河記』に載せ、それを『志太郡誌』下巻に転載している。

これも相良

相良氏の系譜と横地氏・勝間田氏の関係

前九年の役（永承六年／一〇五一～康平五年／一〇六二）に際し、父源頼義の援軍として陸奥国に向かう源義家は、大雨による出水で二十日間近くも遠江国府見付（現・磐田市）で待機した。その際、国府近くにいた相良光頼（維頼）の娘と恋仲となり、結ばれた。

娘は、もしも女児が生まれたらば実家で養い、男児であったら知らせるように言われ、男児が誕生した。義家凱旋の際、男児と対面させると大いに喜んで、この子に横地（現・掛川市）の地を賜り、横地太郎家永（長）と名乗らせた。

「戸塚家文書」には、この家永の二男勝間田十郎権守が勝間田荘に住み勝間田氏の祖となり、三男が井野八郎（井伊氏の祖）、四男が戸塚七郎（戸塚氏の祖）とある。

一族は源平合戦、応仁の乱、戦国時代を経て、徳川幕府の旗本・御家人、井伊家の家老などとなった。

の犠牲者数と比べても多すぎるため、「二千六百」の誤りではないかといぶかった。それは志太平野を流れる大井川の流路を現在のままで考えた結果であり、天正十八年（一五九〇）の駿河国主中村一氏《かずうじ》と掛川領主山内一豊による「天正の瀬替え」前には、焼津《やいづ》市《し》の黒石川・藤枝市の栃山川辺りが大井川本流の時代が長かったのである。

明応七年に当時の大井川（現・黒石川、現・栃山川）と瀬戸川を八～一〇メートルもの津波が幾波も遡り、志太平野を壊滅させたことが『林叟院開闢歴世記』に記録されたものであった。

林叟院は焼津の小川湊辺りに日蓮宗寺院と隣接して建てられたが、明応六年には現在地（焼津市坂本）に移転し、翌年の大津波の難を避けられたものという。

志太平野が壊滅的被害を受けたことを考えると、相良荘も樋尻川・萩間川・江湖田川を遡った大津波は、平田田圃から堀之内・東中館を襲い、萩間川と江湖田川の中島にあった相良氏館跡も上杉一条三位憲藤の東中館も壊滅的な被害を受けたことが推測されるのである。

隣接する勝間田荘の勝間田氏も、文明七年～八年（一四七五～一四七六）に今川義忠により滅ぼされたのではなく、明応五年九月、勝間田播磨守《はりまのかみ》が金谷の鶴見因幡守と協力して親今川氏の松葉城（現・掛川市）の川井宗忠（成信）を討っており、明応七年の東海大地震により支配領地の平野部は壊滅的被害を受け経済力・軍事力を失い、今川氏の軍門に降《くだ》った可能性も考慮する必要があろう。★

▼今川義忠の遠州侵略と勝間田氏

通説では、文明七年または八年に親斯波氏方の横地氏・勝間田氏は、今川義忠の攻撃を受け、横地城・勝間田城も落城し、勝間田氏の一部は井ノ八郎に率いられて富士山の麓に逃れ、苦しい生活をしながら勝間田氏の矜持をもち続けた。井ノ八郎の井ノから印野（いんの）の地名ができ、現在は御殿場市印野となり、印野区は自衛隊演習場・ゴルフ場等に土地を貸し、また植林地からの利益で寺や小学校を改修し、「樹空の森」「御胎内温泉」を経営している。

③

相良藩立藩（田沼家入封以前）

江戸時代中期まで、駿府藩領、掛川藩預かり地、幕府直轄地であったこの地が、初めて由緒ある本多家の所領となり、やがて陣屋が置かれ、御殿が建設された。本多家三代の後には板倉勝清、そして本多忠央が藩主として入封する。

本多家三代の治世

駿府藩★領、掛川藩支配、幕府直轄を経て、宝永七年（一七一〇）より相良藩が成立する。

最初に相良藩を治めたのは本多忠晴《ただはる》・忠通《ただみち》・忠如《ただゆき》の三代で、宝永七年閏八月から三十六年間に及んだ。

本多忠晴

相良藩の祖は本多忠晴である。幼名は吉左衛門。弾正少弼、従五位下。

忠晴は掛川藩主、本多能登守忠義の四男として、寛永十八年（一六四一）六月二十五日に生まれる。三男の兄、越中守忠以《ただもち》が重病となり、御家断絶を防ぐため

▼駿府藩
府中藩とも。江戸初期と明治初年に存在した。明治の府中藩はその後、わずかの期間、静岡藩と称している。

寛文四年（一六六四）五月、養子となり、同月十四日、忠以が二十五歳で没すると、同年七月十八日には兄の遺領一万石を継承して陸奥国二代浅川藩★主となる。この時、二千五百石は宗家の本多忠平に返還した。同年十二月二十八日には従五位下に叙せられている。

延宝九年（一六八一）九月十五日には、三河国初代伊保《いぼ》藩★主に転封され、元禄五年（一六九二）六月、大番頭《おおばんがしら》★となり、同十五年（一七〇二）六月、奏者番★兼寺社奉行★となり、その功により宝永二年（一七〇五）には三河国碧南郡と遠江国榛原郡の五千石を加増され、一万五千石となった。

榛原郡内の領地は、相良町・福岡町・西山寺《さいさんじ》村・西中村・東中村・海老江《えべえ》村百姓方・海老江村庄屋方・堀内《ほりのうち》村（以上、旧・相良町）・牛尾村・深谷村・菊川村（以上、旧・金谷町）・色尾村・青柳村・南原村・初倉村（以上、現・島田市初倉）・永代切山分・永代伏方村・永代村神之郷村庄屋方（以上、旧・榛原町）の高三千百六十三石五斗五升八合であり、これらを相良領としているが、領域は金谷・初倉・榛原に及んでいた。

領地引き渡しは、相良新町の次左衛門宅で、江戸から来た本多の役人白井三右衛門・美嶋半右衛門・村尾勘兵衛ら立ち会いのもとで行われ、白井は引き続きその年の冬まで次左衛門宅に滞在し、そこに仮陣屋を開設して奉行役にあたり、領地支配を開始した。これが相良藩の実質的な立藩であった。

▼浅川藩
現在の福島県石川郡浅川町周辺。本多忠晴の転封により廃藩。

▼伊保藩
愛知県豊田市にあった藩。

▼大番頭
江戸幕府の大番組の長。その支配下に組頭四名を置き、番士を指揮した。大番組は旗本により編制され、平時は江戸城の警備にあたった。

▼奏者番
江戸幕府の職制。職務としては、歳首（さいしゅ）・五節句・参勤・襲封（しゅうほう）等に際して、諸大名や旗本が将軍に謁見する時に姓名を言上し、その献上品を披露するほか、将軍からの下賜品を伝達した。譜代大名が任命されたが、万治元年（一六五八）以後は、寺社奉行の兼任を通例とした。

▼寺社奉行
常に三～五人任じられ、月番制がとられた。固定した役所はなく、月番寺社奉行となる譜代大名の江戸藩邸（上屋敷）があてられ、家臣が職務を遂行した。寺社に関する人事・祭祀法要・祈禱・訴訟処理等の業務を行った。

　この時の領地は三河国賀茂郡内に一四カ村、碧海郡内に五カ村、遠江国榛原郡内に一九カ村であった。

　当時の遠江領支配の奉行は、木戸市郎右衛門・松田兵三郎・東条次郎太夫が順次交替して務めた。

　宝永七年閏八月には、三河領一万二千石の大半九千石を遠州榛原郡・城東《きとう》郡（現・小笠郡）★三四カ村に割り替え、これを機に忠晴自ら相良に転居して名実共に相良藩の初代藩主となり、遠州四藩（浜松・掛川・横須賀・相良）の一つとなった。

　正徳二年（一七一二）の「領知目録」（『相良町史』資料編近世一）によれば、榛原郡のうち五〇カ村は相良《さがら》町・福岡《ふくおか》町・南原《みなみはら》村・初倉《はつくら》村・平尾《ひらお》村・深谷《ふかや》村・谷口《やぐち》村・色尾《いろお》村・青柳《あおやぎ》村・西山寺《さいさんじ》村・西中《にしなか》村・東中《ひがしなか》村・海老江《えべえ》村百姓方《ひゃくしょうがた》・堀内《ほりのうち》村・永《えい》代切山分《だいきりやまぶん》・永代伏方分《えいだいふしかたぶん》・永代《えいだい》村・神郷《かんごう》村・須々木《すすき》村・鬼女新田《きじょしんでん》村・菅ケ谷《すげや》村・女《め》神《かみ》村・徳《とく》村・園《その》村・波津《はづ》村・平田《ひらた》村・落居《おちい》村・堀野新田《ほりのしんでん》村・法京《ほっきょう》村・大磯《おおいそ》村・坂《さか》井《い》村・堀切《ほりきり》村・上庄内下《かみしょうないしも》村・橋柄《はしがら》村・永代村★・朝生《あそお》村・横岡《よこおか》村・横岡新田《よこおかしんでん》村・番《ばん》生 寺《しょうじ》村・嶋《しま》村・志土呂《しとろ》村・神尾《かもお》村・福田村（福用《ふくよう》村の誤り）・竹下《たけした》村・石神《いしがみ》村・岡《おか》田《だ》村・上湯日《かみゆい》村・男神《おかみ》村・松本《まつもと》村・海老江《えべえ》村庄屋方《しょうやがた》であり、高は九千八百九十石三斗九合とある。

　並び順は現在の市町別ではないものの、相良町・榛原町・金谷町・島田市初倉

▼小笠郡
もとの城飼郡が城東郡となり、佐野郡と合併して小笠郡となった。

▼永代村
「領知目録」には〝永代村〟が二つ載っている。

本多忠晴時代

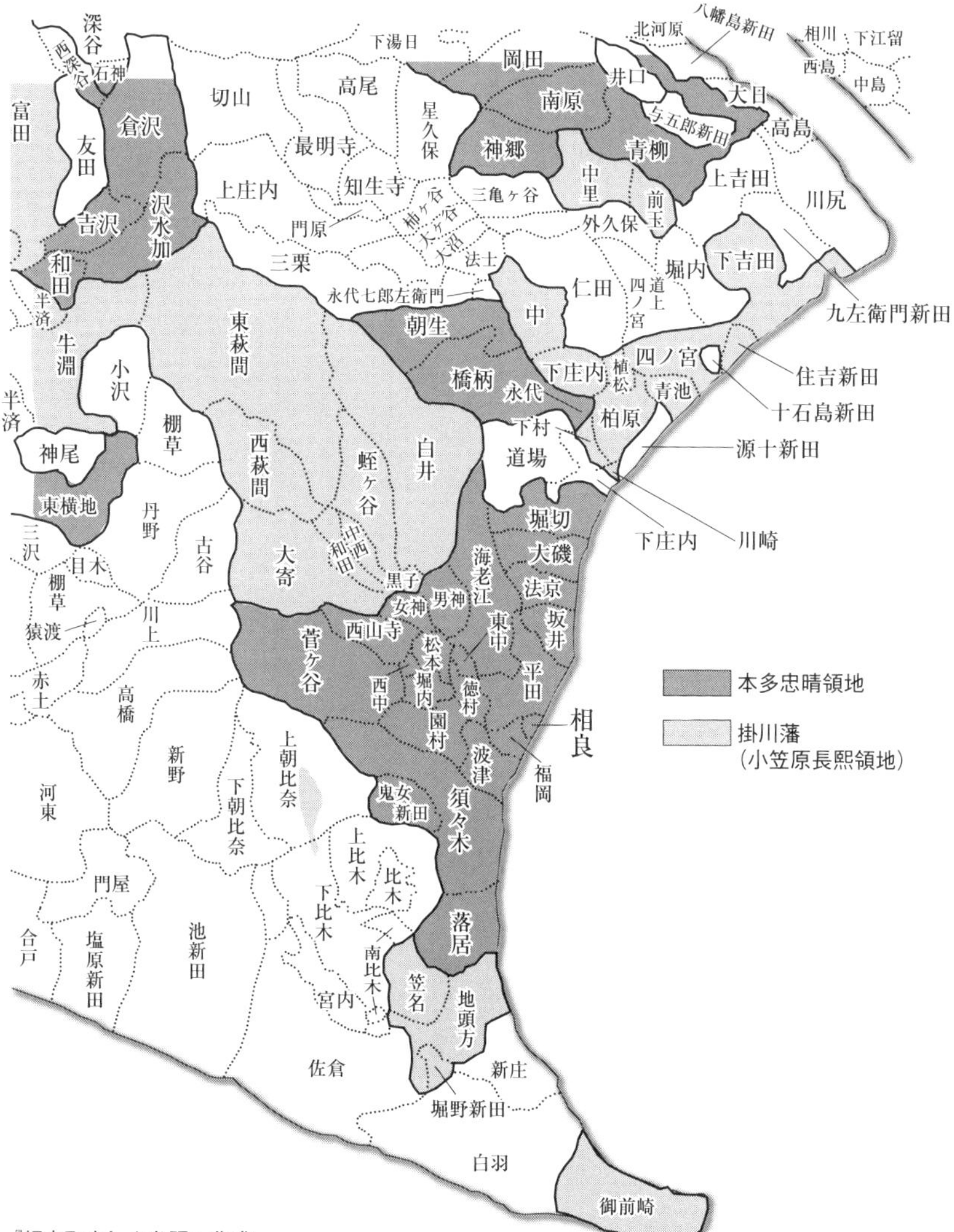

『相良町史』を参照し作成

の町村が占めている。

また、城東郡内の七カ村はいずれも菊川町分の東横地《ひがしよこち》村・西横地《にしよこち》村・和田《わだ》村・沢水加《さばか》村・吉沢《よしざわ》村・倉沢《くらさわ》村・西深谷《にしふかや》村で、高は二千六十九石四斗二升二合とある。これに三河国賀茂郡内六カ村の高三千四十石二斗六升九合を加えて、都合一万五千石となる。

正徳三年には波津の小堤山天神ケ谷に黄檗《おうばく》宗★仏源山宝泉寺を開創して、隠元《いんげん》和尚の法孫鉄梅道香を大坂より招請して開山とした。

忠晴は、徳川家康の相良御殿跡地に居館造営を計画し、正徳四年三月十五日に着工したが、翌年四月十二日に忠晴が江戸で急逝したため普請《ふしん》は中止された。なお、遺体には江戸から蓮見源七らが随行して五月七日に相良に到着、五月十一日に波津村仏源山宝泉寺で葬儀が執り行われた。法名は清源院殿祥岳道麟大居士で、仏源山宝泉寺に葬られた。

また兄にして養父となった本多忠以（廣照院殿確巌性堅大居士）の墓と、天和三年七月五日に没した忠晴の二男八郎（涼雲院殿真月性岩童子）の墓を、三河国永福寺より宝泉寺に改葬している。

ところで、宝泉寺は明治四十年（一九〇七）に廃寺となり、忠晴の位牌は島田市御仮屋町の黄檗宗都智山白岩寺に安置されている。

忠晴治世の相良時代の業績としては、大江の海老江原に植林を奨励した弾正林

▼黄檗宗

日本禅宗の一派。京都府宇治市の黄檗山万福寺を大本山とする。宗祖は隠元隆琦（りゅうき）で、寛文元年（一六六一）、黄檗山万福寺を開創した。江戸時代には臨済宗黄檗派、禅宗黄檗派と称され、念仏と座禅を共に修める念仏禅であり、法要の儀式作法・経文等は明朝様式で行った。伽藍配置・絵画・彫刻・墨跡等は黄檗美術と称され、煎茶や普茶料理等も伝えられ、このような異国的雰囲気が、儒学全盛であった江戸時代の幕府・大名らの中国趣味・文人趣味を刺激し、日本での発展につながった。

本多忠晴の墓
（写真提供：牧之原市教育委員会）

がある。

戦後しばらくは海老江地区の財産区となっていたが、町村合併が進むと地区内各戸に分配され、現在は茶園に改植されている。また、その近くに造営された周囲一キロメートルの柄沢池《からさわのいけ》も忠晴の造営と伝えられ、現在でも大江地区一帯の灌漑用水として利用されている。

本多忠通

幼名は勝之助。弾正小弼、従五位下。

寛文十年（一六七〇）に生まれた本多忠晴の長男忠直は、宝永四年（一七〇七）、宗家本多忠常の養子となったため、忠直の長男（二男説あり）で宝永二年十二月二十七日に武蔵国で生まれた忠晴の孫の勝之助忠通《ただみち》が養子となり、正徳五年（一七一五）六月六日、十一歳で忠晴の遺領一万五千石を継承して二代目相良藩主となった。

享保二年（一七一七）八月十八日付けの「領知目録」によれば、遠江国榛原郡内に四一カ所・高七千四百六十一石五斗九升八合の領地があり、同城東郡内に九カ村・高三千四百二十一石八斗六升九合七勺三才の領地、佐野郡本郷村に高一千七十六石二斗六升三合二勺七才の領地があり、このほかに三河国賀茂郡内六カ村分・高三千四十石二斗六升九合があり、都合一万五千石となっている。

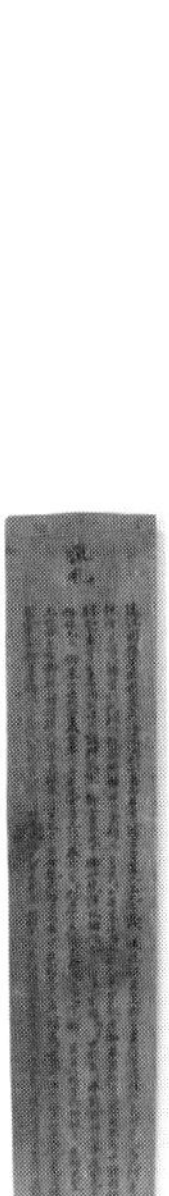
大江八幡宮棟札
（大江八幡宮蔵）

大江八幡宮本殿
（写真提供：牧之原市教育委員会）

享保三年八月七日の大江八幡宮社殿再建棟札によれば、忠通は氏神社である大江八幡宮（当時の社名は小巻山若宮八幡宮）の本殿・拝殿を建て替えた。この本殿は現存し、牧之原市内で最古の社殿で、市の文化財（建造物）に指定されている。また、大沢の曹洞宗般若寺鐘銘に助縁者としてその名が見える。

享保四年には祖父と同じ従五位下に叙せられ弾正少弼となったが、同六年七月二日に弱冠十七歳で没している。法名は桂光院殿月喬浄昌大居士、海老江の東福山桂光庵墓地に葬られた。なお、墓地は東京牛島（現・墨田区向島）の牛頭山《ごずさん》弘福寺にもある。

この桂光庵は黄檗宗宝泉寺の末寺で、享保九年に本多忠通供養のために創建され、享保十一年七月二日、同墓地に供養碑が建てられ、その碑文の撰は仏源山宝泉寺住職（臨済正宗三十四世）、七十一歳の鉄梅道香和尚であった。

本多忠如

幼名は時之助。讃岐守・越中守、従五位下。本多忠直の五男で忠通の弟。兄忠通が十七歳で没したので、時之助忠如《ただゆき》が家督を相続した。正徳二年（一七一二）生まれであったから、わずか十歳で相良藩主となったのである。

享保十一年（一七二六）十二月十六日に従五位下、讃岐守に叙せられ、同十三年に越中守に任ぜられた。同十四年、相良に居館を造営し、同十六年に入封した。

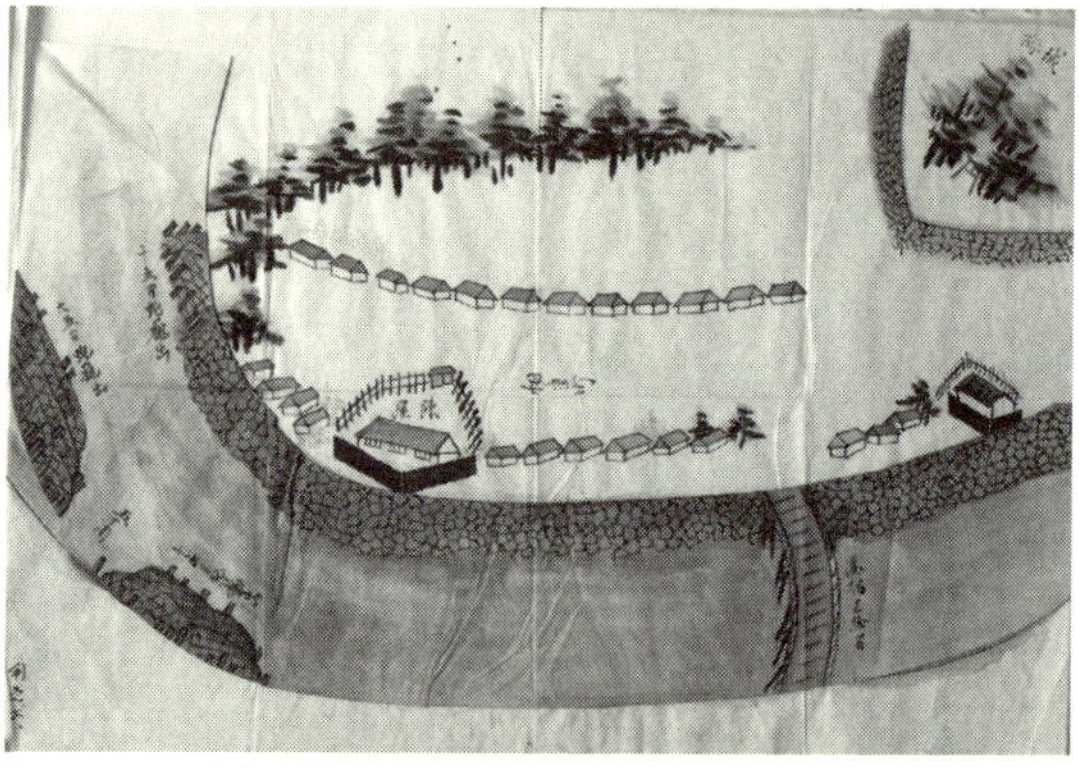

相良陣屋図
（河原崎陸雄氏蔵）

居館を市場《いちんば》に造営した際、初めて相良川（現・萩間川）に仮橋を架け、領内から石高に応じた人足を集め、中島にあった相良氏館跡の土を畚《もっこ》で運ばせたとされている。駿河湾に面した旧・相良町は、二〜三段の砂丘により形成されており、居館造営の基礎工事として相良氏館跡の土を利用したものと思われる。

享保十七年には、酒井信濃守と交替に大坂加番★となり、役料一万四千石が与えられた。

延享三年（一七四六）九月二十五日、板倉勝清《かつきよ》が相良に封ぜられたため、三十五歳の忠如は陸奥国菊多郡泉藩（現・いわき市泉）一万五千石に転封された。

この転封の理由について『相良町史』資料編近世一によれば、「掛川藩主小笠原長恭が、その頃遠州一帯を荒らし回っていた盗賊日本左衛門★の処置に手抜かりがあったという理由で、延享三年九月二五日奥州棚倉に転封させられていた。本多時之助の奥州泉に転封の命の出たのが小笠原と同年月日であってみれば、日本左衛門の跳梁と関係があったのかも知れない」とある。

本多家の相良藩時代は、忠晴・忠通・忠如の三代、あしかけ三十六年間の支配であった。『相良町史』資料編近世一には、同年十二月の奥州泉藩士宮田明謹書の「本多家墓碑銘」が掲載されている。

本多忠如の泉藩支配は二十七年に及び、安永二年（一七七三）十月十五日、六十二歳で没した。法名は葆真院殿沖翁玄冥大《ほうしんいんでんちゅうおうげんめいだい》居士《こじ》で、位牌は牧之原市波津の旧

▼大坂加番
定番（じょうばん）を加勢して城を警護する役。加番には、駿府加番もあった。

▼日本左衛門
本名浜島庄兵衛。東海道金谷宿の尾張藩七里役所（飛脚）の役人の子で、成長と共に盗賊の首領となり、見付宿（みつけしゅく＝磐田市）、袋井宿周辺に出没、徒党を組んで大胆な押し込み強盗をしても、複雑な大名領・旗本領であったため、役人たちが連帯して対応できなかったため、野放しになっていた。頼りにならない警察力に愛想をつかした被害者らは、江戸の寺社奉行に直訴した。その一人本多正珍（まさよし）は駿州田中藩主（現・藤枝市）であったから、幕政権威に関わると延享三年（一七四六）九月、火付盗賊改を遠州に派遣、見付宿で博奕開帳中の一味を逮捕した。日本左衛門は翌年、京都町奉行所に自首、処刑された。河竹黙阿弥の通称「白浪五人男」では、白浪の首領日本駄右衛門として登場している。

宝泉寺跡小堂に安置されている。

なお泉藩二代目藩主の本多忠籌《ただかず》は田沼意次失脚後に若年寄、側用人と昇進し、寛政二年（一七九〇）には老中となり二万石を領した。

三十六年間にわたる本多三代の家臣団の記録は、『相良町史』資料編近世一「明鏡」に記録されており、また蓮見源七墓碑・本多家四一名の墓碑が本多家小堤山墓所に祀られている。

本多家三代の相良藩治世の間、明応七年（一四九八）の大地震と大津波により芝原となっていた相良町前浜には本多館が置かれ、この前浜・市場の河岸には新たに相良湊が築かれた。ここからは藩米が大坂・江戸に運ばれ、江戸・上方方面からの物産ももたらされた。

また、忠晴が黄檗宗信者であったため、相良領内に新たに宝泉寺を創建し、大江八幡宮の本殿・拝殿等も再建するなど、領内の社寺の整備をし、植林を推奨、治水灌漑《かんがい》・架橋等の領内整備をしている。

しかし、陣屋を置いたものの本格的な城は築かず、築城は田沼意次の登場を待たなければならなかった。

本多一族の位牌
（宝泉寺／波津区公会堂内）

板倉勝清、本多忠央の治世

板倉勝清

宝永三年（一七〇六）に陸奥国菊多郡泉に藩主板倉重同《しげあつ》の子として生まれ、享保二年（一七一七）八月三日に十一歳で家督を継ぎ、菊間広縁《きくのまひろえん》に候し、同月七日、初めて有徳院《うとくいん》（吉宗）にまみえ、父の遺物青江《あおえ》の刀を献じた。

享保五年十二月十八日、従五位下、伊予守に叙され、同八年三月十五日、初めて領地に行く暇をいただく。同十四年、大番頭となり、同十七年八月七日、奏者番に移り、同二十年五月二日には寺社奉行を兼任し、同年六月には若年寄となり佐渡守に叙された。

元文四年（一七三九）八月十六日、有徳院より「雪の松に鳩」の画をいただき、延享元年（一七四四）十月二十日、鷹役につき、鷹狩りの際は付き従うよう命令された。同二年九月二十七日の鷹狩りの供は水野壱岐守忠定と交替でこれを務めた。

その後、宝暦十年（一七六〇）には側用人、明和四年（一七六七）七月には西の丸老中、同十二月には侍従となり、明和六年八月には老中となった。

板倉勝清は『相良町史』資料編近世一の「板倉家歴代記録」から知れるように、

板倉家歴代の中でも幕府の要職を順調に昇進していたことが分かる。

事績としては、将軍吉宗・家重・家治の三代に仕え、田沼意次の先輩格の幕閣であったが、延享二年、両丸（江戸城本丸・西の丸）御移替《おんうつしかえ》に際しては大御所吉宗・九代将軍家重から、同四年の田安宗武・一橋宗尹《むねただ》の領知に関する公役により吉宗から時服《じふく》★を拝領している。その後も奥の舞台、御園の普請、朝鮮通信使の饗応、有徳院（吉宗）の葬儀、家治室の輿入れ、清水家領の経営、有徳院二十一回忌法要、日光東照宮御霊屋《みたまや》修造、家治の子家基の葬送法会等の奉行・総奉行として大過なく成し遂げ、その都度恩賜にあずかっており、歴代の将軍から大きな信頼を得ていたことがうかがわれる。

板倉勝清が相良藩主となったのは、若年寄在任中の延享三年（一七四六）九月二十五日、相良藩一万五千石、本多忠如の跡を受けたものである。なお、相良へ移封となったのは、先に触れた徳川吉宗の第二子宗武（田安家）、第四子宗尹（一橋家）創立に関して重責を果たしたことによる恩賞の意味があったとされる（清水家は徳川家重の第二子重好が創立）。

寛延元年（一七四八）、五千石加増、翌二年二月六日、上野国碓氷《うすい》・群馬・緑野三郡に移封され安中《あんなか》二万石の藩主となった。明和四年（一七六七）には一万石加増され三万石となり、安永九年（一七八〇）に七十五歳で亡くなった。

二年半の相良藩主時代の事績としては、桑を植え養蚕を奨励し、櫨《はぜ》を植え蠟の

▼時服
朝廷、幕府から諸臣に毎年春秋、または夏冬の二季に賜った衣服。

採取等の指導をしたとされるが、ほかの業績はあまり知られていない。

本多忠央

板倉勝清の安中転封により本多忠央《ただなか》が相良藩主となった。忠央は宝永五年（一七〇八）、本多能登守忠次の二男として誕生した。本多長門守忠利を祖とする家柄で、相良藩を立藩した本多忠晴は忠利の弟にあたるため、本多忠央の四代前の忠義を祖とする一門である。

正徳元年（一七一一）に忠次が亡くなると三河国挙母《ころも》（現・豊田市）一万石の家督を四歳で継ぎ、享保三年（一七一八）には有徳院（吉宗）にお目見得《めみえ》し、同七年に従五位下、兵庫頭に叙され、同十三年九月十八日、初めて領地に行く暇をいただいた。

寛保二年（一七四二）六月十一日には大番頭となり、寛延二年（一七四九）二月六日に挙母藩主を改めて相良藩主となり、榛原郡内五二カ村一万石を領した。同年七月二十三日に奏者番となり寺社奉行を兼ね、八月二十三日に長門守と改めた。

寛延二年（一七四九）の「領知目録」によれば、領地は遠江国榛原郡内五二カ村★であった。

高は合わせて一万石であるが、込高・新田高が二千六百十一石ばかりあり、宝暦五年（一七五五）六月の「本多長門守領分村々高覚」には、この村名と村高が

▼五二カ村
相良町・福岡町・波津村・須々木村・鬼女新田村・落居村・堀野新田村・園村・徳村・堀内村・西中村・西山寺村・女神村・男神村・松本村・東中村・海老江村百姓方・海老江村庄屋方・平田村・坂井村・法京村・大磯村・堀切村・上庄内下村・永代村・朝生村・色尾村・初倉村・谷口村・白羽村・沼伏村・新庄村・切山村・法士村・柿ケ谷村・大ケ谷村・大沼村・道場村・星久保村・下庄内村・地頭方村・笠名村・神郷村百姓方・西萩間村・東萩間村・大寄村・黒子村・蛭ケ谷村・白井村・中西村・中村・和田村。

本多忠央時代

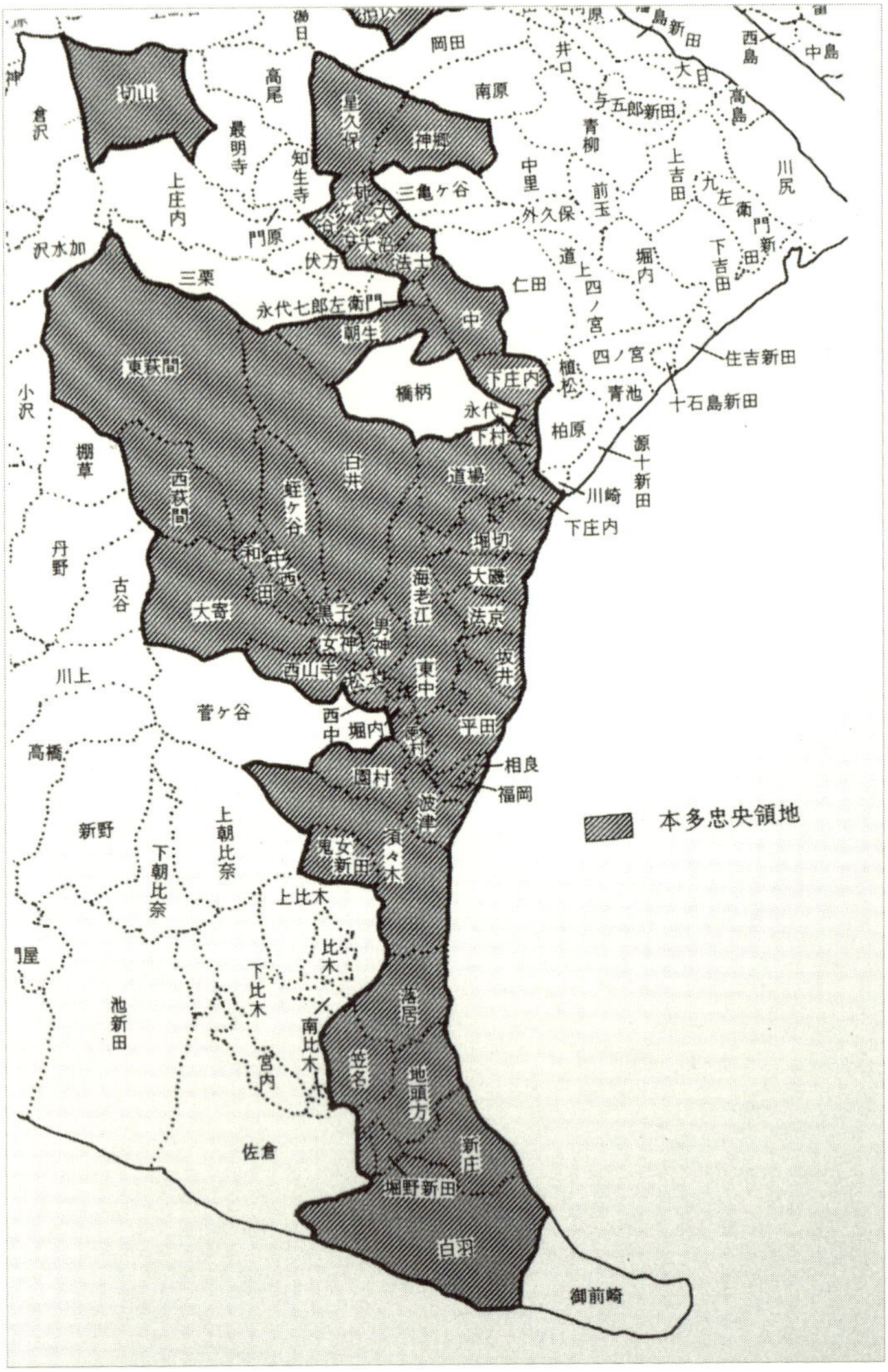

『相良町史』より転載

記録されている。

ところで、宝暦八年三月二十八日、西の丸の若年寄となり一万五千石を拝領し前途は洋々と見えた。しかし、同年九月十四日、不審を被り職を奪われ出仕を止められ、同月二十七日、仮に内藤紀伊守信興にお預けの身となった。

これは美濃国郡上藩金森頼錦《よりかね》領内の郡上一揆事件に連座したものである。

忠央は、初めから百姓による訴訟の趣旨を知りながら、勘定奉行の大橋近江某から談合の事を内々に尋ねられても知らぬふりをしたばかりか、金森を大橋に面会させ、あるいは大橋より代官の青木次郎九郎安清に依頼してその処理をさせたことを知りながら評定所★ではそのことを報告しなかった。

▼評定所
江戸幕府の最高裁判所にあたる組織、またその場所。三代将軍家光の時から老中の合議となり、寛永十二年（一六三五）、老中のほかに寺社奉行・町奉行・勘定奉行・大目付を加え、寄合場の規定（執務心得）を定め、評定所制度が成立した。四代家綱の寛文八年（一六六八）以降、構成員の中心は寺社・町・勘定の三奉行となり、大目付・目付と共に審理を担当することとなった。これを評定所一座と呼び、老中は月一回傍聴するにとどまった。

これも相良

本多氏の系譜と相良

三河の国人本多氏の起源は、左大臣藤原顕光十一代の助秀が豊後国本多に住んだところに由来し、十二代助定の時に足利尊氏に仕え、十三代助政の後、定通家と定正家の二家に分かれた。

戦国時代には定通家は三家、定正家は二家に分かれて、それぞれ三河松平宗家に仕えた。この定通家からは「徳川四天王」の一人とされた本多忠勝が出たが、相良藩を立てた本多忠晴はこの系譜に属する。

また定正家からは徳川家康の信頼の厚い本多正信・正純父子が出ているが、二代将軍秀忠の代になると、相互に行き違いがあったためか突然に改易され直系は断絶した。それでも大名として明治に至った家は、定通家系からは六家、定正家系からは二家があり、そのほかに旗本、加賀藩・福井藩の家老がいた。

ところで、相良藩の本多忠晴・忠通・忠如と本多忠央の関係であるが、忠央の三代の祖忠利の弟が忠晴であり、同じ定通家の子孫にあたる。このことがやがて田沼意次の栄進、そして失脚の遠因ともなる。

その上、再三尋ねられても謹んで申し上げないで、今度は決断所で糾弾されると初めて思い出したと言い出すなど、責任者に相応《ふさわ》しくない所業だとして所領没収の上、美作国津山の松平越後守長孝に預けられた。

忠央は、十年後の明和五年（一七六八）正月十九日に赦免され、江戸の本多弾《だん》正大弼《じょうだいひつ》忠壽のもとに寓居、のち養子の忠由《ただよし》の住まいに転居、死亡している。

養子の忠由は、本多家が由緒のある家であるところから、旗本寄合に列せられていた。

この郡上一揆に関わり本多忠央が失脚した相良に、宝暦八年、田沼意次が一万石の大名として初入封したことが、将来に禍根を残す結果となる。

少し長くなるが『日本歴史大事典』（小学館刊）より「郡上藩領宝暦年間一揆」（小椋喜一郎著）を引用しておく。――「郡上藩領宝暦年間一揆」と言い、美濃国郡上藩金森氏の年貢徴収法改正に反対した一揆。金森騒動。宝暦四年（一七五四）、地方巧者《じかたこうしゃ》黒崎左一右衛門を登用して定免《じょうめん》を検見取《けみとり》に改め年貢増徴を試みたのに対し、百姓は城下に強訴《ごうそ》。藩はいったん増徴をあきらめたが、翌年美濃笠松郡代青木次郎九郎が介入し検見取を強要。再び百姓は南宮神社などに集結、江戸藩邸訴願などの行動に出たが効果なく、切立《きったて》村喜四郎・前谷村定次郎らが駕籠《かご》訴を決定した。長期間に及ぶ一揆により百姓の間では立者《たてもの》と寝者《ねもの》の対立が激化、金森氏改易の一因となる西気良《にしけら》村の甚助処刑事件や、箱訴の契機となった歩岐島《ほきじま》村乱闘事件が発生した。おりから郡上藩預かり地、越前国石徹白《いとしろ》の白山中居《はくさんちゅうきょ》神社の社人間の対立で、藩が社人とその家族五百人余を領外に追放する石徹白騒動が起こり、神頭職《ことう》の杉本左近らも箱訴を決行。二つの箱訴によって幕府評定所は審議を開始した。一七五八年、金森氏改易、百姓側の獄門四・死罪十などによって足掛け五年にわたる一揆は決着したが、老中本多氏らの処分、評定所への田沼意次出座、講釈師の獄門など幕政に大きな影響を与えた——とある。

金森氏の改易処分の後、郡上八幡の郡上踊りの曲目に「かわさき」がある。これは伊勢神宮への参詣後、色街で遊んだ際に流行《はや》っていた曲に、郡上一揆で犠牲になった人たちを悼んで盆踊り唄にしたものとされる。

郡上のなあ　八幡出てゆく時は
（ア　ソンレンセ）
雨も降らぬに　袖《そで》しぼる
（袖シボル　ノオ　袖シボル）
あ　そんれんせ
（雨も降ラヌニ　袖シボル）

金森氏と姻戚関係にある本多氏ら幕閣は、問題を先送りばかりしていたものと思われる。

　その結果、駿河国田中藩（現・藤枝市）四万石の老中本多正珍《まさよし》は役儀取り上げ、逼塞《ひっそく》。若年寄本多忠央は相良一万五千石を没収の上、松平家永預《えいあず》け（実質十年で解放）。以下大目付・勘定奉行ら九名が連座処分を受けている。

　中でも将来を嘱望されていた西の丸若年寄本多忠央の処分が厳しく、この事件がなかったら田沼意次の幕閣登用はなかったかもしれないとされており、またこの事件後、相良に入封した田沼意次について、相良藩創設の本多家一門が怨念を抱いたとしても不思議ではなかったように思う。

　なお、本多忠央が改易されると、宝暦八年十一月には榛原郡二七カ村では本多弾正少弼忠央の再任願いを奉行所に提出★している。

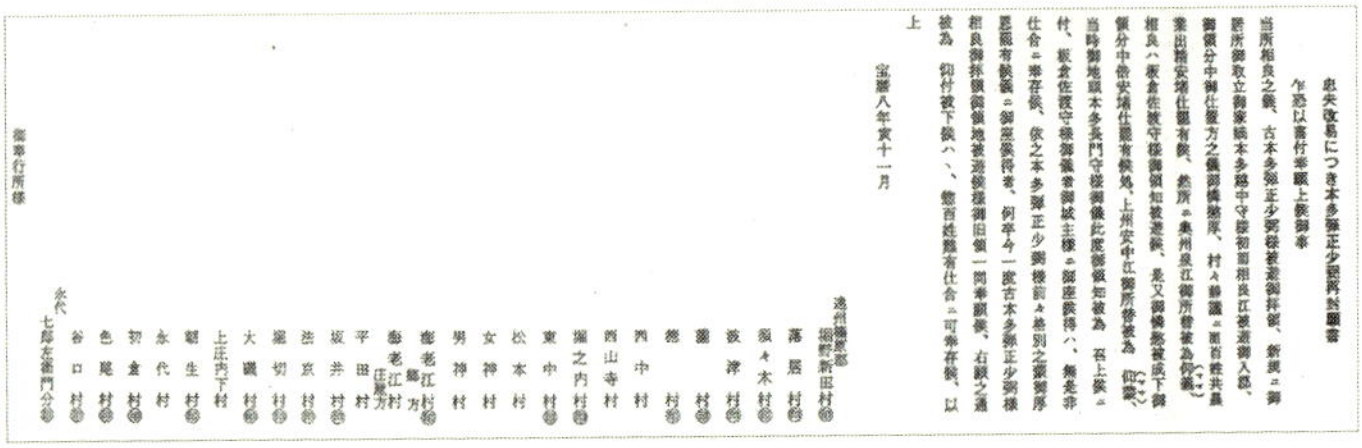

忠央改易につき本多弾正少弼再任願書
乍恐以書付奉願上候御事
当所相良之儀、古本多弾正少弼様被遊御拝領、数年ニ御
居所御取立御家続本多越中守様初而相良江被遊御入部、
御領分中御仕置方之儀御構無御座、村々難儀ニ而百姓共農
業出精安堵仕罷有候、然所ニ泉州泉江御所替被為仰出、
相良ハ板倉佐渡守様御領知被遊候、是又御領替被成下御
領分中安堵仕罷有候処、上州安中江御所替被為 仰出、
当時御地頭本多長門守様御儀此度御領知被為 召上候ニ
付、板倉佐渡守様御儀者御城主様ニ御座候得ハ、無是非
仕合ニ奉存候、依之本多弾正少弼様前々格別之御慈愍厚
恩難有御儀ニ御座候得者、何卒今一度古本多弾正少弼様
相良御拝領御領地被遊候様御旧領一同奉願候、右願之通
被為 仰付被下候ハヽ、惣百姓難有仕合ニ可奉存候、以
上

宝暦八年寅十一月

遠州榛原郡
堀野新田村㊞
落居村㊞
須々木村㊞
波津村㊞
[illegible]村㊞
[illegible]村㊞
西中村
西山寺村
堀之内村㊞
東中村㊞
松本村
女神村
男神村
鬼老江村㊞ 地方
同老江村 庄屋方
平田村
坂井村㊞
法京村㊞
堀切村㊞
大磯村㊞
上庄内下村
朝生村㊞
永代村
初倉村㊞
色尾村㊞
谷口村㊞
永代 七郎左衛門分㊞

御奉行所様

本多家再任願い
（『相良町史』より転載）

▼「川田家文書」（「川田金右衛門家文書」）による。

これも相良

相良湊などの盛衰

相良湊の廻船問屋には、西尾源兵衛・小田善右衛門・竹内甚左衛門・八木平七らが知られる。延宝六年（一六七八）当時の相良湊には三三艘の廻船があり、元禄八年（一六九五）には船主が二三名いた。

明治維新前後に植栽された茶樹は、横浜からの輸出の主力産品の一つとなり、丸尾文六による地頭方港（旧・相良町）開設など、横浜への航路も開けた。

しかし相良湊は安政の大地震（一八五四年十二月二十三日）による河床上昇に加え、明治二年（一八六九）、牧之原に徳川新番組が開墾に入植、翌年、金谷宿川越人足も入植して以来、牧之原台地の草木が伐られ、大雨ごとにその土石が川を埋め、河床を上げていたため、静岡県も数度にわたる河川改浚を行って何とか港機能を維持していた。

ところが明治二十二年、東海道線が開通すると、米国へ輸出するため鉄鋼船を造り、相良港・地頭方港・川崎港（旧・榛原町）から横浜に近隣の茶葉を運び出していた海運業は大きな痛手を受けた。

旧・相良湊（新橋より撮影）

萩間川河口から見た夕暮れの旧・相良湊。右手は大江（写真提供：牧之原市史料館）
安政の大地震、牧之原開拓による土砂流入以前は湊橋まで檜垣廻船・樽廻船が入港できた

これも相良

明応七年（一四九八）の東海大地震

宝永と安政の東海地震は江戸時代の地震で古文書も比較的多く、安政の東海地震では、相良城下は一面倒壊し住民は津波や余震を恐れてしばらく小堤山に避難したこと、また相良川の河床が三〜四尺も隆起して相良湊に檜垣廻船・樽廻船が直接に入港できなくなったことが知られ、宝永の東海大地震の際も家屋が倒壊して、鉢形山に避難したと伝えられるが、明応の東海大地震についてはその存在は知られてはいたものの、その規模・被害状況は不明であった。

ところが今回の東日本大震災で過去の地震・津波が再検討されると、『駿河記』『志太郡誌』に記載された出典が焼津市坂本の『林叟院開闢歴世記』であることが判明、明応六年（一四九七）まで存在した林叟院の故地・小川湊近辺は壊滅し、大井川を遡った津波で志太平野で二万六千余人が溺死したことが判明した。

これは大井川の旧流路である焼津の黒石川・藤枝の栃山川、藤枝の瀬戸川を八〜一〇メートルもの津波が遡り志太平野を飲み込んだもので、当然、榛原郡南部の吉田町、榛原町、相良町の海岸部・平野部も津波により壊滅的被害を受け、明応七年以降に再建されたことがうかがえる。

牧之原市（相良・榛原）の江戸期に、近江・紀伊・伊勢・尾張・三河・伊豆方面からの移住者がみられるのも、それと深い関係があるものと思われる。

牧之原市内も江戸期に再興されているのである。

ところで宝永の大地震といえば、旧・相良町には県指定天然記念物の二本の「根上がり松」がある。昔は五本あったが、マツクイムシなどにより枯死したもので、その根が四〜五メートル露出している。

解説板によれば、これは宝永大地震の際の津波により根元が洗われたとある。しかし「相良町内指定文化財解説」によれば、「風蝕による」とあり、今後の研究が待たれる。

第二章 相良藩の前期田沼時代

本格的な城下町作りが行われ、相良湊も江戸、大坂と結び、近隣の物産を搬出した。

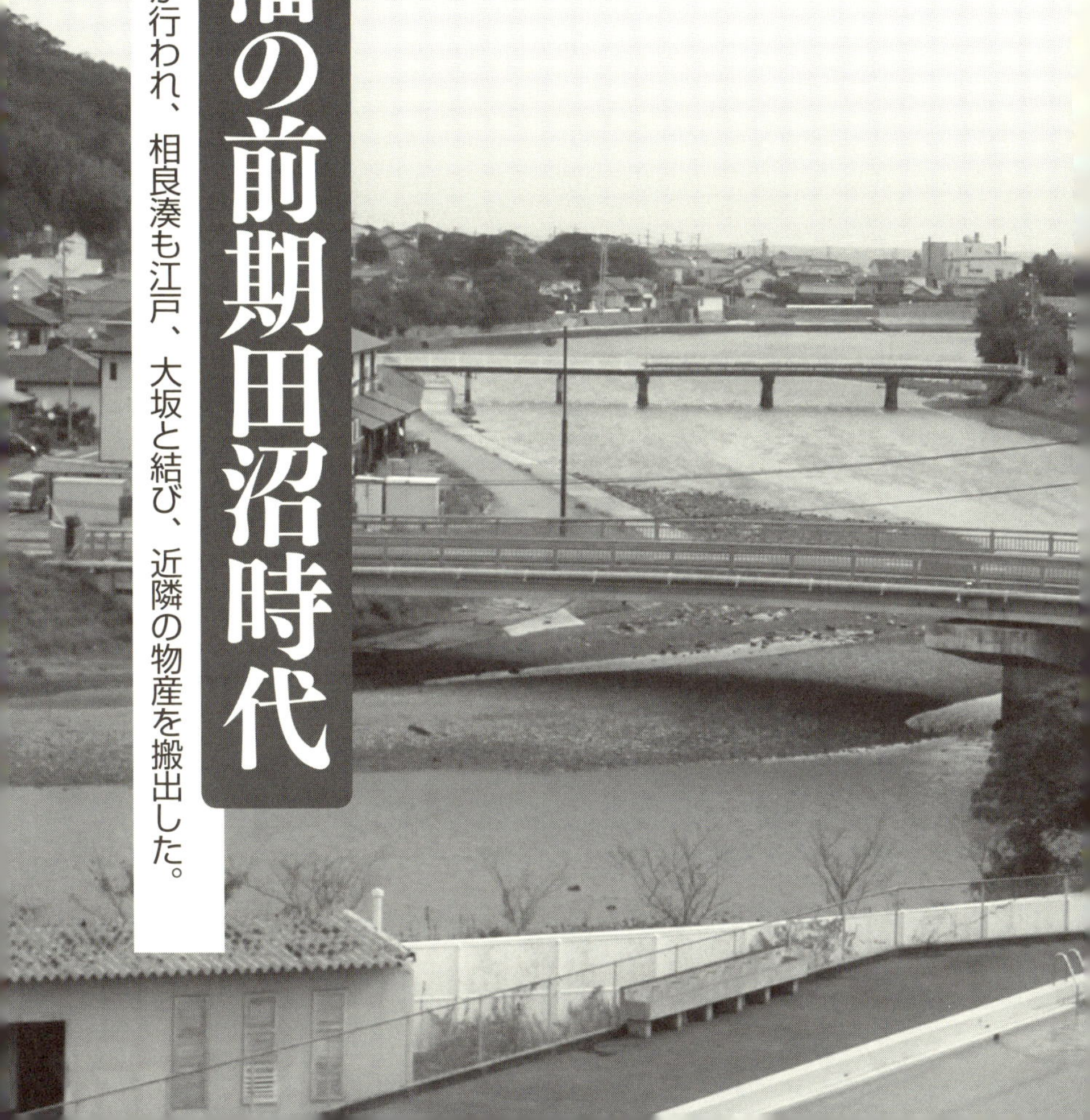

①田沼意次の出自と昇進

相良藩といえば田沼意次――毀誉褒貶の多い人物でも、地元では慕われている。
小身の出自でありながら、異例の出世で、門閥の妬みを買うも、
重商主義政策で幕政再建を図り、天災と将軍の死をきっかけに失脚に至る。

田沼意次の出自と経歴

相良藩といえば、旧・相良町民はまず田沼意次《おきつぐ》を思い出す。本多三代も板倉・本多時代も、また、後期田沼時代もほとんど意識はしない。それほど「田沼意次の城下町」という意識は強い。

しかし残念なことに、田沼意次といえば「賄賂政治家」という烙印《らくいん》が押され、世間に向かって「田沼意次の城下町」を告げる人は決して多くはない。近年では田沼意次の経済政策や田沼時代の文化等が再評価され、それに関する研究や小説等も増え、郷土史家たちも盛んに史実を探り、田沼意次の名誉回復に励んできたにも関わらずである。

十数年前からは旧・相良町地頭方《じとうがた》の菓子店桃林堂が「ワイロ最中《もなか》」を売り出し、

田沼意次侯肖像画（鈴木白華筆）
（牧之原市史料館蔵）

一昨年まで相良の酒屋藤店《ふじだな》が「そでのした」銘柄の酒を島田市の大村屋酒造に造らせて売り出していた。いずれも自虐的なユーモアに富んだ命名であるが、菓子の由緒書には田沼意次の真面目な解説がつき、何とかして意次の汚名を晴らしたい意図がくみ取れる文章である。

この田沼意次研究家として、相良町福岡に住み、静岡銀行の支店長となり、さらに郷土史家・書道家として名を成した後藤一朗（海堂）がいた。彼が大石慎三郎氏監修のもと出版した、清水新書『田沼意次・その虚実』★は、田沼意次研究の好著であり、意次の冤罪《えんざい》を明らかにし、また、将軍家斉時代以降、一橋家が御三家・御三卿・有力大名家に家斉の子弟を送り込み、「一橋政権」を形成したことを初めて明示し、田沼意次の失脚もその政敵とされ寛政の改革を行った松平定信の失脚も、すべて家斉の父治済《はるさだ》の陰謀によるものとしている。

▼『田沼意次・その虚実』昭和五十九年（一九八四）十月刊、清水書院発行。

さて、「田沼家系図」によれば、田沼家の祖・初代重綱は佐野家から分かれ下野国安蘇《あそ》郡田沼村に住み、その地名を姓としたのが元仁元年（一二二四）とされる。菩提寺はこの重綱の開創になる寺で栃木県田沼町の西林寺である。

十二代吉次は鉄砲の名手とされたが、彼の主人佐野氏が大坂勤めの際に同行し、彼の存在が紀州藩に知れると召し抱えたいとの申し出があり、佐野氏の許可を得て紀州藩鉄砲組に勤務したのが大坂夏の陣の慶長二十年（一六一五）五月のこととされる。以後吉重、義房、意行《もとゆき》と続くが、意次の父がこの意行で吉宗の小姓★であった。

「田沼意次系譜★」によれば、元祖重綱以後の系譜を掲載するが、田沼家初代としては意行の名を挙げ、それ以前の系譜と区別★している。これは意次が初めて大名に列したこと、その父意行が紀州時代に将軍家直参に連なったことによると思われる。

紀州松平吉宗の宗家継承、さらに将軍家継の夭折《ようせつ》により八代将軍となると、正徳六年（一七一六）五月、意行は新参旗本に取り立てられた（蔵米三〇〇俵、のち知行六百石）。

意次は父意行の兼務★（太刀持ち役、奥向頭取）した江戸城郭内の田安御用屋敷で、享保四年（一七一九）七月二十七日、長男として生まれ、幼名を龍助といった。

龍助は生まれつき利発で、書・画・舞・謡《うたい》・鞠・茶の湯・将棋等に長じていた。享保十七年七月二十一日、龍助十四歳の時、父に従い吉宗にお目見得を賜り、西の丸の世嗣《せいし》家重の小姓に召し出され、享保十九年三月から三〇〇俵を拝領することとなった。

翌二十年三月四日、父の死去により家督を継ぎ元服し名を意次とし、元文二年（一七三七）十二月十六日、十九歳で叙爵し従五位下、主殿頭《とのものかみ》となった。

また、これまでの家紋は「丸に一」であったが、「七面大明神に祈誓して生ま

▼小姓
武家において主君の身近に侍して、身辺の雑事や警護にあたった。江戸幕府の場合、中奥小姓（なかおくこしょう＝表小姓）と奥小姓があり、いずれも数十人おり、小姓頭取が支配した。小姓頭取は通常六名で若年寄支配に属し役高五百石、家禄一千石以下には役料三〇〇俵が給された。奥小姓は常に将軍に近侍し雑用に従事するほか、将軍の大奥出入りにはその送迎を行った。

▼「田沼意次系譜」
田沼道雄氏蔵。

▼区別
『田沼意次・その虚実』による。「田沼意次系譜」には「元祖重綱―初代意行―意次……」とある。

▼兼務
意行は徳川本家と田安家の仕事を兼務している。

れた子だから、七面様の七曜紋をいただき家紋とせよ」との父の遺言により七曜紋に改めた。

ところで、家重★は健康に優れず言語障害も酷く、若年寄・側用人となった大岡忠光以外には聞き分けることができなかった。意次はこの先輩を見習い家重の言葉をよく理解するようになり、家重から重用されるようになった。

延享二年（一七四五）、吉宗が隠居し九代将軍家重は本丸に移るが、吉宗が引き続き大御所★として政務を執ると意次は以後六年間吉宗に仕え、国政運営の薫陶《くんとう》を受けている。

意次の昇進

延享二年（一七四五）九月一日より本城（本丸）に勤務し、同四年九月十五日、小姓組番頭格に昇進、寛延元年（一七四八）閏十月一日、小姓組番頭となり、奥の務めも兼ねた。

この日、上総国武射《むさ》・下総国匝瑳《そうさ》・香取《かとり》三郡のうちに一四〇〇俵の地を加えられ、寛延元年に二千石に加増、江戸に小川町屋敷を拝領している。

寛延四年、意次が三十三歳の時に吉宗は死去したが、同年、側御用取次《そばごようとりつぎ》役に昇進し、宝暦五年（一七五五）九月十九日には下総国香取・相模国大住・愛甲《あいこう》・足《あし》

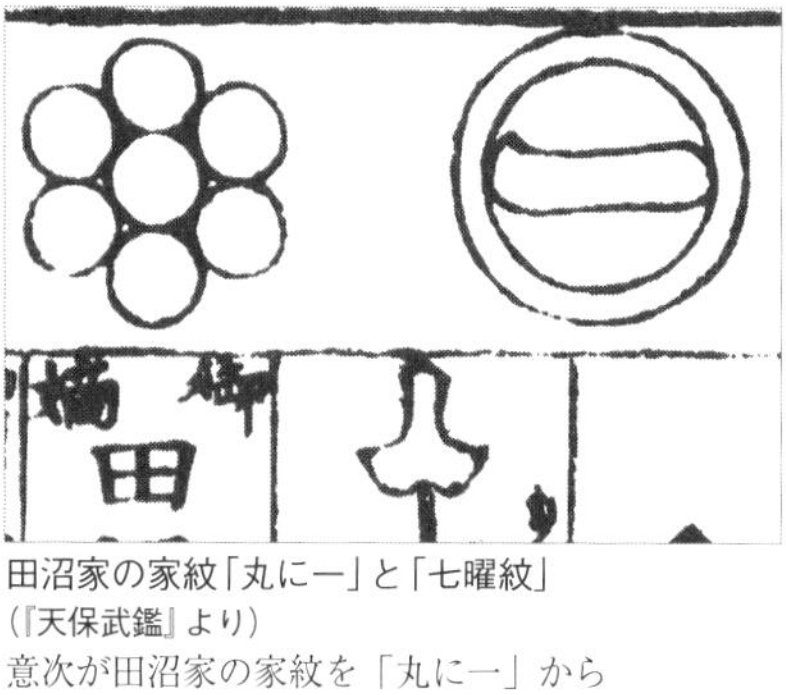

田沼家の家紋「丸に一」と「七曜紋」
（『天保武鑑』より）
意次が田沼家の家紋を「丸に一」から「七曜紋」に改めた

▼家重
江戸幕府九代将軍。八代将軍吉宗の長男。延享二年、将軍職を譲られ、以後十五年間その職にあり、宝暦十年（一七六〇）、嫡子家治に家督を譲り、翌年五十一歳で没した。生来虚弱な上、若い頃から酒色にふけったため健康を害し、言語に障害があった。

▼大御所
前征夷大将軍または将軍の父の居所やその人の敬称、江戸時代には初代将軍徳川家康、二代将軍秀忠、八代将軍吉宗、十一代将軍家斉が大御所と称された。

柄《がら》四郡のうちにおいて三千石を加賜され五千石となる。

宝暦八年九月三日、四十歳の時、美濃国郡上《ぐじょう》藩の宝暦騒動（郡上一揆）の吟味に際して、家重に評定所出座《しゅつざ》を命じられた際、遠江国榛原郡のうち五千石の加増があり、旧領を改められ、遠江・相模・下総三国のうちにおいて一万石の領地を賜り、大名の列に加えられ、相良一万石の藩主となった。

意次が相良藩主であった期間は約三十年で、その間に相良に来たのは二回のみとされ、最初のお国入りは藩主となった翌春の宝暦九年二月で、領内検分をしている。

二回目は相良城の落成した安永九年（一七八〇）四月、新城検分に帰国して十日間滞在した時であり、一年ごとの参勤交代は幕閣であった田沼意次には無縁で定府《じょうふ》★であった。

最初のお国入りは東海道金谷宿から牧之原台地を縦断して相良に入り、同じ道を金谷宿に出た。

二回目は東海道藤枝宿から大井川を渡り（吉田町小山辺りから大井川町鮎川〈相川とも＝現・焼津市〉）相良に入るコースで、のちにこれは田沼街道と呼ばれるようになり、相良藩士の駿府や江戸との往来に限って黙認されたが、正規の川越場である島田～金谷が出水のため川止めになっても、大井川下流は川幅が広いため徒渉《かちわたり》ができたため、この下瀬越《しもせご》し★をする旅人が増え、密かに川越しを生業《なりわい》と

▼定府
江戸時代、大名などが常に江戸におり、領地との往復（参勤交代）をしないこと。老中・若年寄・寺社奉行などの役職にあった大名は、原則として在任期間中は領地には帰っていない。

▼下瀬越し
大井川は駿府城の外堀の役割があり、江戸時代架橋・通船・渡船も許されず、島田～金谷間の川越しのみが許可されていた。ところが上流の村人が対岸に渡る都度、下流の島田～金谷まで下って来るのは不便であるため、何カ所かに艜（艜＝たらい）舟が黙認されていた。これに対して島田～金谷から下流の下瀬越しは、田沼藩家中しか許されなかった。しかし、いずれの旅人も取り締まりの目を盗んでこれを利用するようになった。

する者も出て取り締まりの対象となった。

ところで、九代将軍家重が没したのは意次四十三歳の時であったが、家重の信頼は厚く、二十五歳になっていた世嗣家治に、意次を重用するよう遺言したとされ、十代家治★もまた意次を重用した。

この十代将軍家治については近年、やはり静岡銀行を退職された先の後藤一朗(海堂)氏の子息である後藤晃一氏が、『緊急提言徳川家治の政治に学べ』を出版している。これまであまり評価の対象となっていなかった十代将軍家治を評価したものだが、意次の政治が開明的であったのもこの聡明な将軍あってのものか、逆に意次の存在が将軍に影響を与えたものか、この書では家治を一方的に評価しているので、「田沼時代」というより、「家治時代」とすべき内容といえる。

郡上藩の宝暦騒動についてはすでに本多忠央《ただなか》で触れたが、郡上八幡の百姓一揆が長引き、これが飛地《とびち》★にまで波及し、越訴が繰り返された。この騒動の訴状も提出され幕閣はすでに承知していたものの、金森氏との姻戚関係をもつ本多忠央らが、問題を先送りして何ら解決の糸口も見つけられなかったことに将軍家重が苛立ち、断を下す意味で信頼する意次を評定所に送り出したようであり、その結果は幕閣たちにとって厳しいものであった。

意次はこの郡上藩の宝暦騒動で改易《かいえき》された江戸城西の丸若年寄・相良藩主本多忠央の跡を襲い入封する形となった。

▼家治
江戸幕府十代将軍。九代将軍家重の長男。宝暦十年(一七六〇)~天明六年(一七八六)在職。前半期は老中松平武元が政治を主宰、後半期には田沼意次が頭角を現した。

▼飛地
領内と地続きでなく、他領内にある土地。

宝暦十二年には五千石を加増され、明和四年（一七六七）七月、四十九歳の時、側用人★に昇格、さらに五千石を加増され、合わせて二万石となり相良城の築城許可も出て、相良城主となった。

幕閣での立場とその評価

意次は家重時代から引き続き側御用取次を十六年間もしていたが、側用人になるまでの七年間、意次の直接の上司は十三歳年上の側用人板倉勝清であった。勝清は上野国安中藩三万石の藩主だったが、それ以前には延享三年（一七四六）九月から二年半は、遠州相良藩一万五千石の藩主であった。

意次はこの勝清の片腕となりよく尽くしたこともあり、勝清が側用人を意次に譲り老中となっても意次との関係は昵懇《じっこん》であった。

意次は明和六年（一七六九）八月十八日には、榛原・城東二郡内に五千石を加増され老中格となり持槍二本を許され、侍従に進んだ。安永元年（一七七二）正月十五日にも三河国額田《ぬかた》・宝飯《ほい》・渥美《あつみ》三郡内に五千石を加増され老中となった。

この時の筆頭老中は松平武元《たけもと》で、上野国館林《たてばやし》藩六万一千石の城主で意次より五歳年上、すでに二十年前からの大先輩で老中在任期間は三十二年であった。ほかに老中は三人おり、松平康福《やすとみ》は石見国《いわみのくに》浜田藩六万石の藩主で、天明八年

▼側用人
江戸幕府の役職名。江戸城本丸御殿における将軍の日常生活の場「中奥＝なかおく」で、将軍の側に仕える最高職。田沼意次は側用人的性格を維持したまま老中に昇進して、「表」と「中奥」を掌握し、強大な権限を握った。

相良城想像図（坂本公夫氏作画）

（一七八八）まで二十五年間老中を務め、娘は意次の長男意知《おきとも》の室となっている。松平輝高《てるたか》は上野国高崎藩六万二千石の藩主で、天明元年まで二十一年間、老中を務めている。

阿部正右《まさすけ》は備後国福山藩十万石の藩主で、天明六年まで二十年半、老中を務めた。この四人と板倉勝清、田沼意次の六人の老中たちは、その後十年間余、幕閣の出入りもほとんどなく、緊密に手を携えて国政を担当したのである。

意次は老中格となった明和六年頃から幕閣に約二十年間おり、ことに安永元年（一七七二）から老中を退けられた天明六年まで十四年間老中職にあり、天明元年、五歳年上の筆頭老中松平武元が六十七歳で亡くなると、将軍の覚えもめでたく世に「田沼時代」とも称されることになる。

この時代を「田沼時代」と呼ぶのは意次が抜群の治政者であったことによるが、武元在世中は武元が、没後は松平康福を筆頭に立て、さらに天明四年には、彦根藩主の井伊直幸を大老として入閣させてもいる。

したがって、世に「田沼時代」と言い、のちに田沼意次が幕閣を無視し独断で政治を執り行っていたかのような批判が出るのは、筋違いであろう。

ただ、弟の意誠《おきのぶ》を御三卿の一つ、一橋治済《はるさだ》家の家老とし、意誠の没後はその子意致《おきむね》を家老職につかせ、治済の子家斉《いえなり》を将軍の世嗣に迎え、意致をその側衆としたこと。嫡子意知《おきとも》に老中松平康福の娘を娶《めと》らせ、四男忠徳《ただのり》を側用人水野忠友の養

吉宗以降徳川家略系図

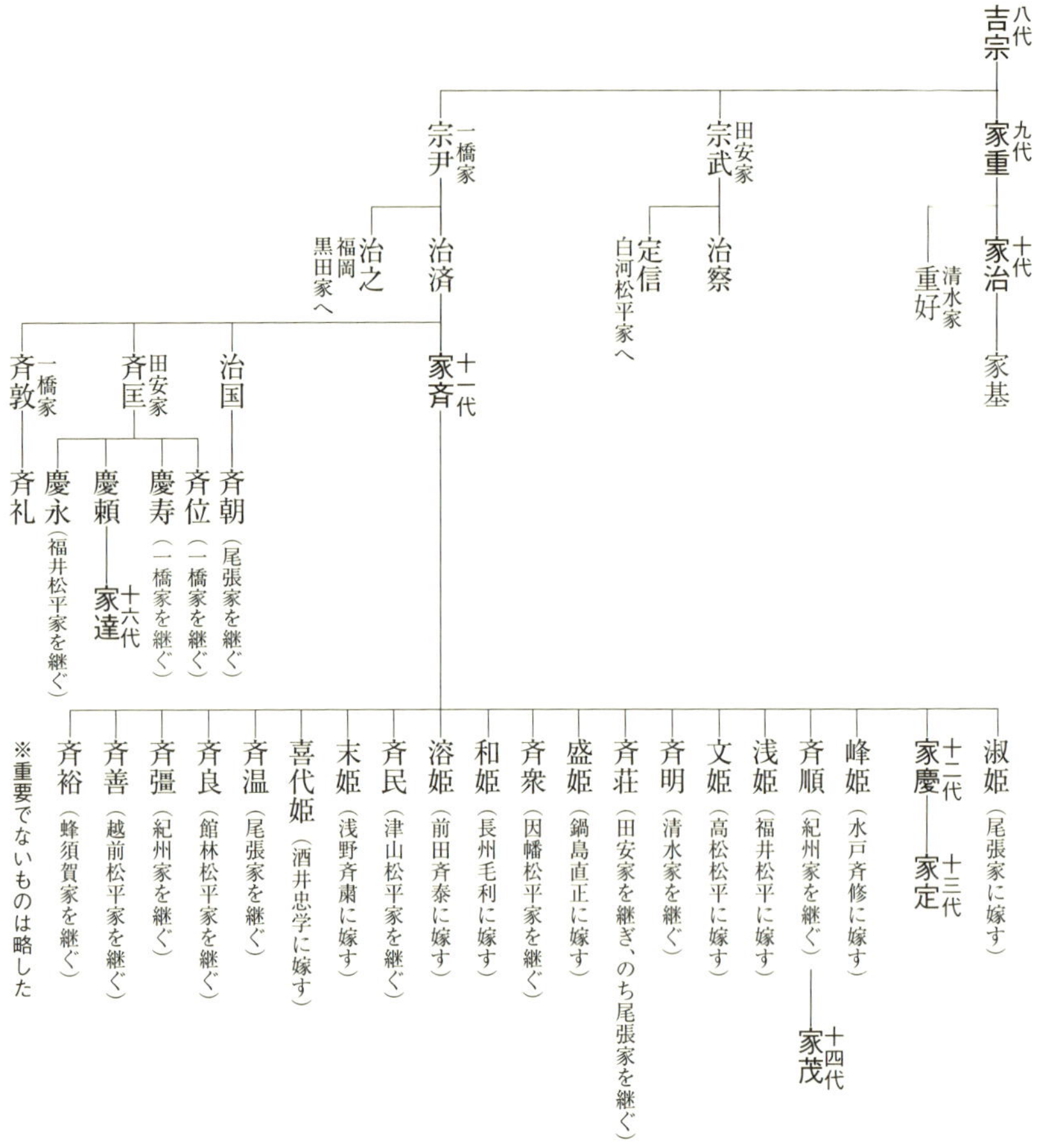

八代 吉宗
九代 家重
十代 家治
家基
清水家 重好
田安家 宗武
治察
定信 白河松平家へ
一橋家 宗尹
治済
治之 福岡黒田家へ
十一代 家斉
治国
斉朝（尾張家を継ぐ）
田安家 斉匡
斉位（一橋家を継ぐ）
慶寿（一橋家を継ぐ）
慶頼
十六代 家達
慶永（福井松平家を継ぐ）
一橋家 斉敦
斉礼
淑姫（尾張家に嫁す）
十二代 家慶
十三代 家定
峰姫（水戸斉修に嫁す）
斉順（紀州家を継ぐ）
十四代 家茂
浅姫（福井松平に嫁す）
文姫（高松松平に嫁す）
斉明（清水家を継ぐ）
斉荘（田安家を継ぎ、のち尾張家を継ぐ）
盛姫（鍋島直正に嫁す）
斉衆（因幡松平家を継ぐ）
和姫（長州毛利に嫁す）
溶姫（前田斉泰に嫁す）
斉民（津山松平家を継ぐ）
末姫（浅野斉粛に嫁す）
喜代姫（酒井忠学に嫁す）
斉温（尾張家を継ぐ）
斉良（館林松平家を継ぐ）
斉彊（紀州家を継ぐ）
斉善（越前松平家を継ぐ）
斉裕（蜂須賀家を継ぐ）
※重要でないものは略した

子とし、忠友を老中に薦《すす》め、田沼意知を若年寄としたことなど、一門親族を有力者と縁組させ地位を安定させた手法は、当時は一般的だったとしても批判の余地はあったかもしれない。

しかし、田沼意次の立場によれば、蔵米三〇〇俵（のち知行六百石）の新参旗本の子であり家柄は低く、将軍からの信頼だけが頼りで幕閣となっても一門親族には有力者もなく、また石高が増進して大名まで出世しても田沼家累代の家臣もほとんどなく、寄せ集めの家臣団の中から有能な者を抜擢したり、一門親族を有力者の養子・婿にし、また娘を嫁がせるなどして人脈を形成する以外に行政遂行・田沼家存続の方法がなかったことも事実である。

ところが、である。のちにも触れるが、この上をいくのが一橋治済であり、田沼意次の弟意誠を一橋家の家老に取り込んで意次に接近し、将軍候補を消すために無理やり田安定信を白河藩主とし、世嗣家斉を将軍にしたことなど、田沼意次を利用し尽くしてのち、意次が失脚す

田沼家とその周辺

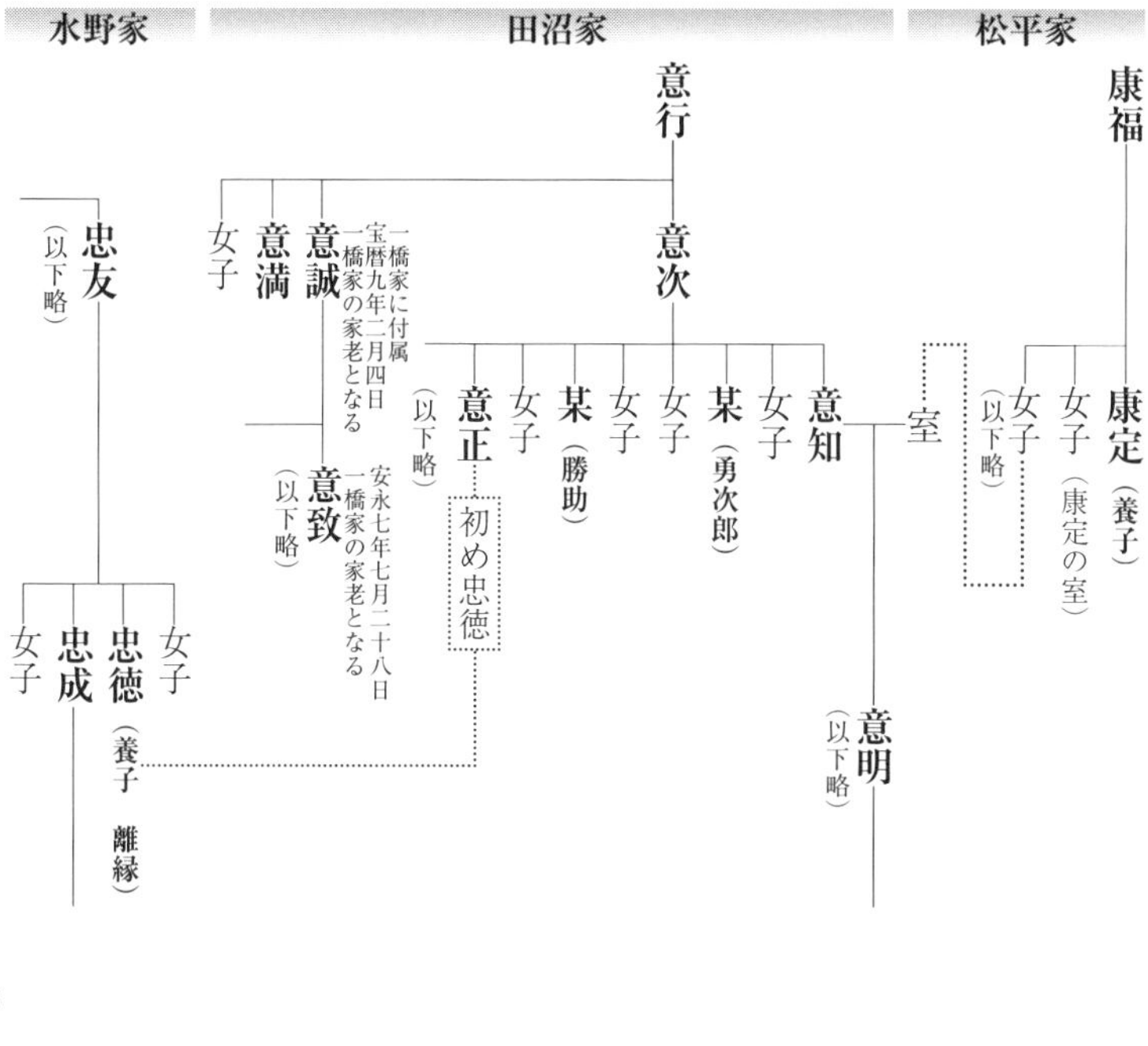

ると表に松平定信を立て寛政の改革を行わせ、その裏で自分の子孫を御三家、御三卿、有力大名家に養子縁組・嫁入りさせて、後藤一朗氏による「一橋政権」を実現させたのであった。

元に戻って意次の加増振りを見てみると、安永六年四月二十一日、遠江国榛原《はいばら》・駿河国志太《しだ》・益津《ましず》三郡のうちに七千石加増され、天明元年閏五月二十七日に将軍家治の後継者家基《いえもと》が若死に★したため将軍家に跡継ぎがなく、家治は意次の意見を入れ、一橋家斉を将軍家御養君★（次期将軍）となったことを祝って和泉国日根郡内に一万石加増、天明五年正月二十九日にも河内国河内・若江・三河国宝飯《ほい》・遠江国榛原・城東五郡のうちに一万石加増され、合わせて七回の加増で五万七千石を領することとなった。これが田沼意次の最大石高であり、支配領域であった。これを頂点として、後は一気に没落への道を辿ることになる。

▼若死に
健康な世継ぎ家基が急死したため、その死因に疑問がもたれている。

▼将軍家御養君
将軍家に後継者のない場合、跡継ぎ候補として位置付けられる人。しかし、将軍に子どもが生まれれば、取り消されることもある。

②幕府と田沼意次の経済政策

幕藩体制は原則的に本百姓からの年貢収入に依拠する制度であった。

田沼意次は、これに加えて商人からの運上金、冥加金収入を柱とし、新たな経済の施策をとった。

さらに海外貿易の振興も視野に入れていたが、意次は保守派の巻き返しで追い落とされる。

将来を見据えた海外貿易の奨励

いわゆる幕藩体制下の経済政策は時代により変遷はあったものの、基本的な経済政策は、本百姓からの年貢収入に依存する重農主義政策であった。そのため成立年代は異なっても、その基本は本百姓維持政策であり、①村内で耕作不能者が出た場合は共同で耕作し、年貢を完納させる五人組制度（一六三七）、②土地の売買により本百姓の田畑が縮小し水呑百姓に転落しないように制限する田畑永代売買禁止令（一六四三）、③商品経済の発展のもと、農民が本田畑に商品作物を植え付け、年貢米・麦等の作付けができなくなることを恐れた田畑勝手作りの禁（一六四三）、④偽書説もあるが農民の奢侈《しゃし》を禁じ、日常生活の在り方を示した慶安の御触書（一六四九）、⑤本百姓が子孫に土地を分割相続する場合の最低面積を指示した分地制限令（一六五三）の一制度・三法令・一触書が出された。

本百姓維持政策の遂行のためには、農村の自給自足経済を維持し、農村に都市の商品経済が流入しないような政策が必要であったが、幕藩体制下でも商品経済の発展は必然であり、時代が下るに従い、諸藩自らも領内において特産品等の商品作物を生産させ、これを専売制にして利益を上げるようになっていく。

当然、村々の農民による衣食住に関わる自給自足製品よりも、都市の専業化した職人の作る製品のほうが上質であり、案外安価に入手できるとなると、農民の中には自給自足をやめて都市の商人の持ち込む商品を購買する者も出てくる。

こうした傾向は全国に及び、農村ではこの商品購買のための資金を得るために茶・たばこ・菜種・綿花・桑・藍・紅花等の商品作物・換金作物を植え、都市の商人と換金して商品を購入することにより、農村も商品経済の軍門に降ることとなる。

都市の商人は、利益を上げるために商品を農村に持ち込むわけで、職人から安く買った商品を農民に高く売り付け、農民からの商品作物は安く買い叩くから、二重の意味で農村を搾取する結果となる。

こうした都市の商品経済の流入による農村の自給自足経済の崩壊は当然、幕藩体制を揺るがすこととなるからこれを規制し、幕府財政立て直しにあたってはあくまで本百姓維持政策に固執しようと試みる。

幕藩体制と田沼政治

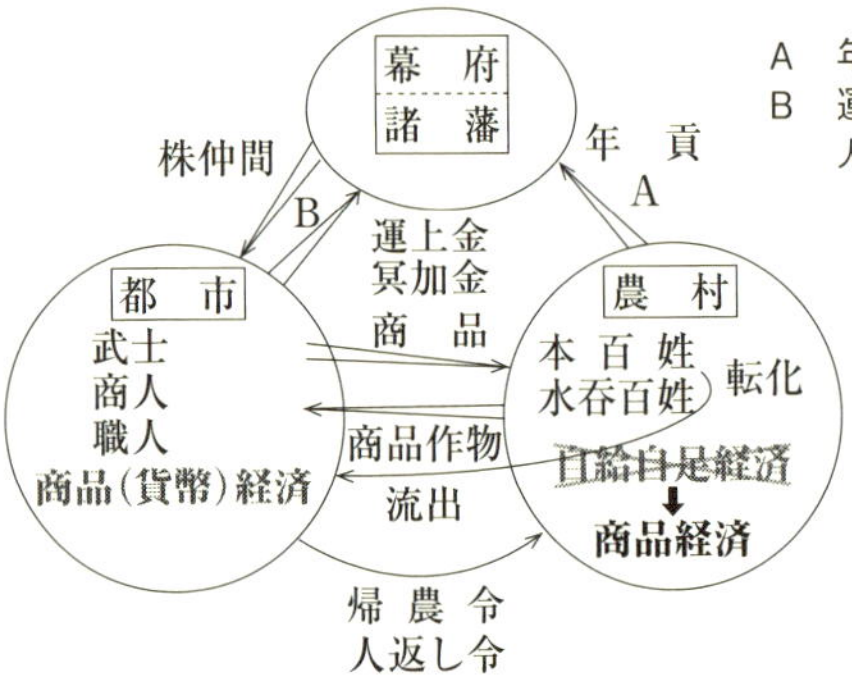

A　年貢（幕藩体制は年貢依存の本百姓維持政策）
B　運上金、冥加金（田沼政治は年貢のほかに商人からの賦課金を得る重商主義政策）

【本百姓維持政策】
○五人組制度
○田畑永代売買禁止令
○田畑勝手作りの禁
○慶安の御触書
○分地制限令

それがいわゆる三大改革の諸政策であり、徳川吉宗の「総て神君様、御先例の如し」という幕府創設時の家康時代の社会・経済への回帰を願った政策となる。そのために、大名をはじめ庶民に至るまでの贅沢を禁じ、緊縮財政により時代を乗り越えようとしている。

三大改革を見ると、徳川吉宗の享保の改革（一七一六〜四五）では、裁判の基準を明確化する公事《くじ》方《かた》御《お》定書《さだめがき》の制定、幕藩体制を揺るがす恐れのない実用的な洋書輸入の制限の緩和、江戸城辰ノ口に目安箱を置いて庶民の意見を聴取する等の評価すべき政策もあったものの、旗本・御家人への幕府財源不足を補うため、大名の参勤交代での江戸在府期間を半年とする代わりに一万石につき百石を幕府に差し出させた上米《あげまい》の制、有能な幕臣を役につける場合、その役高に見合った家禄を増加支給するのではなく、その役高に見合った石高が不足する者にはその在任期間中のみ石高を増す足高《たしだか》の制、旗本・御家人の借財に対する札差《ふださし》等の訴訟に対しても、これを受理せず当事者同士の相対《あいたい》で済ますよう仕向けた相対済まし令★だけで、いずれも問題を先送りするだけの政策であり、実質的には旗本・御家人の救済にはならなかった。

倹約令もそれであり、大名から庶民までの日常生活を規制し、商品経済の発展を抑え、緊縮経済のもとで田畑の豊穣《ほうじょう》・年貢増収を待つ政策、つまり財政破綻の根本を見直し是正するよりも、問題先送りにより、取りあえずの財源確保を目指

▼相対済まし令
金銭貸借に関する訴訟について、幕府の裁判所では扱わず、債権者である商人と債務者の武士との間の相対で解決せよ、とするもので、寛文元年（一六六一）から天保十四年（一八四三）までに七回出されたが、享保四年（一七一九）の法令が著名。

す政策であった。

これに対し、田沼意次の経済政策は本百姓維持政策に代わる重商主義★政策であり、庶民の自由な日常生活により、新しい文化、新しい産物、新しい技術を生み出させるものであった。

言い換えれば、幕府の三大改革の方向性がデフレ政策で問題を先送りする性格のものとすれば、田沼意次の政策は商人の自由な経済活動を許し、その商人たちに株仲間等を結成させ、営業活動の認可や保護を与える謝礼としての冥加金《みょうがきん》を献上させ、またその商人たちが営業利益を上げた場合、一定の割合で運上金を取り立てたもので、衰退しつつある農村の百姓からの年貢徴収のみに頼ったそれまでの政策と正反対のものであった。

田沼意次の殖産興業政策としては、すでに徳川吉宗時代に銅座・人参座（朝鮮ニンジン）・朱座《しゅざ》★等を幕府直轄にして幕府財源としていたが、田沼意次はこれを拡大して鉄座・真鍮《しんちゅう》★座・竜脳《りゅうのう》★座等を作って専売化し、さらに明礬《みょうばん》★会所・石灰会所を新たに公認する等、積極的な経済発展策を展開した。

こうして、株仲間は大坂だけでも天明年間（一七八一～八九）には一二〇もでき、中には廻船問屋・飛脚問屋・水車営業等、営業権に属する仲間を含んだ。本百姓の年貢徴収のみに依存するのではなく、この専売制による利益・株仲間等の運上金・冥加金収入が幕府財源のもう一方の太い柱となっていったのである。

▼重商主義
十五世紀半ばから十八世紀半ばに西欧諸国がとった経済政策の体系。国家の保護・干渉により有利な貿易差額を取得し、国富を増大させようとする考え方。これに対する重農主義、自由主義がある。

▼朱座
赤色顔料である朱（硫化第二水銀）を売買する特権をもつ商人の座。江戸・京都・奈良・大坂に朱座を置き、特定商人・仲間にのみ取り扱いを認めた。

▼真鍮
銅と亜鉛の合金。黄色で展性・延性に富むので細線・板・箔とする。江戸時代には真鍮の価値が現在よりもずっと高かった。

▼竜脳
フタバガキ科の常緑大高木。ボルネオ、スマトラの原産。心材部の割れ目に結晶を含み薬用になる。無色透明の板状結晶。樟脳に似た芳香があり、香料の調合原料。

▼明礬
硫酸アルミニウムと硫酸カリウムとが化合した無色の結晶。皮なめし、媒染剤、製紙等に使われる。

幕府財源はすでに五代将軍綱吉★の頃、窮乏化を始めており、ことに宝永四年（一七〇七）十月二十八日の東海・東南海大地震による被害とそれに続く富士山の噴火は、大量の火山灰を江戸を含む関東一円に降灰させ、小田原藩領の村々は田畑を失い、降灰除去のための工事も酒匂川《さかわ》流域の洪水を生み出し、一応の回復までに十数年も掛かり、勘定奉行荻原重秀《おぎわらしげひで》の貨幣改鋳の原因の一つともなっている。また、長崎を通じてのオランダ・中国との海外貿易も、新井白石が海舶互市新例（長崎新例、正徳新令）を出して制限しなければならないほど、日本の金銀が海外に流失してしまっていた。

　これは海外の金銀相場が不明なまま、貿易の対価として金銀を使用したための不平等貿易であったためで、幕末から明治初年にも同じ過ちを繰り返している。

　新井白石は長崎新例★を出していたが、田沼意次は、こうした貿易制限により金銀の流失を防止するよりも、幕藩体制維持のためには海外貿易は大いに発展させるべきとし、中国とは貿易に銀を使用することをやめ、銀二〇〇貫目につき銅三〇万斤で渡すことに改めた。またそれも銅七割と俵物三割で決済するようにした。この俵物とは、アワビ、イリコ、フカヒレ、ナマコ、コンブ等の干物を俵に詰めたもので、中華料理には必須の食材で中国貿易の中心をなすもので、周囲を海に囲まれた日本には容易に確保できる海産物であった。

　幕府もこれらの増産には極めて積極的で、運上金の免除までして生産を奨励し、

▼五代将軍綱吉
三代将軍家光の第四子で、兄の四代将軍家綱が延宝八年（一六八〇）に死去すると、二兄綱重も没していたため、将軍家を相続した。宝永六年（一七〇九）まで在職。老中堀田正俊を財政専管の大老とし、館林藩時代の家老牧野成貞を老中と同格の側用人として行った初期の賞罰厳明策は「天和の治」と呼ばれ評価されるが、正俊没後は牧野・柳沢吉保を中心とする「側用人政治」を行い、神社仏閣・湯島聖堂建設、生類憐れみの令、貨幣改鋳を行わせる等、将軍専制傾向を強めた。

▼長崎新例
①唐船（からふね）の取り引き高は定高銀（さだめだかぎん）六〇〇〇貫目（かんめ）、銅の渡し高は三〇〇万斤（きん）、オランダ方の定高金五万両（銀で三〇〇〇貫目）、銅渡し高は一五〇万斤に減じ、なお輸出余力があれば、双方に銀三〇〇〇貫目まで売れ残り品との物々交換を許す。
②唐船は年に三〇艘に制限し、起帆地（きはんち＝その船の所属港）別に船数と積み高を指定し、次回の貿易を保障する信牌（しんぱい）を唐通事（とうつうじ）が給す。オランダ船は二艘のみに限る。
③長崎会所は入札（いれふだ）を廃して

長崎からは買い集める人を巡回させて集荷したという。これが蝦夷地の調査、千島樺太の調査にもつながり、やがて赤蝦夷と呼ばれていたロシア人との交易を考えることとなる。

また、意次は長崎貿易の相手、中国人・オランダ人を使って熱心に中国・チベット・アンナン（ベトナム）・欧州諸国の金銀貨の輸入を図り、過去二百年間に失われた金銀の穴埋めを図ってもいる。これは銅や俵物での海外貿易が可能となっても、佐渡・石見をはじめとする金・銀鉱山の採掘量が激減した当時、たとえわずかでも海外の貨幣輸入により、金・銀の保有高を高め、将来の海外貿易に備える必要性を感じていたためと思われる。

通貨制度改革

幕府創立以来、金座・銀座・銭座を設け各種貨幣を流通させた。その場合、全国一律の通貨を流通させるのが統一政権の役割であるが、江戸の金遣い・大坂の銀遣いというように、全国を二分しての貨幣政策を取り、その上、庶民の日常生活は銭（銅貨）で済んだから、これら金・銀・銅の換算の必要があり、ことに金貨・銀貨についてはその日の相場によって交換比率が異なるので、現在、円とドル等の外貨とを交換する銀行のような両替商という職業まで存在した。現在残っ

会所役人と外国側との直組（ねぐみ＝協議）で仕入れ、これを入札で売り立てる。
④その差益は総平均で一〇割＝一二万両のうち、最低七万両を長崎の町政経費として恒常的に支給する。残りについては銅ほか輸出品調達や予備費とし、貿易運上は廃止する。
などが主なものである。

ている丁銀《ちょうぎん》・豆板銀《まめいたぎん》はその日の相場で目方を量って金貨と交換したため、削ったり溶かしたりして形の変形したものが多い。

江戸時代初期には、一応、金貨は小判一枚が一両＝四分＝一六朱《しゅ》であり、銀一貫が一〇〇〇匁《もんめ》（秤量《しょうりょう》貨幣）、銭一貫は一〇〇〇文で、金一両は銀五〇匁・銭四貫文《かんもん》★であったが、江戸時代中期になると金一両が銀六〇匁・銭四貫文となった。これも実際には時々の相場で、一両が四〜一〇貫文に変動している。

また、金貨である小判を取ってみても、創幕当初は金の比率が八四・三パーセントと高い慶長金銀★を流通させていたものが、幕府財源が厳しくなると荻原重秀のように貨幣の改鋳をして慶長小判を溶かして金比率五七・四パーセントの元禄小判を流通させたり、小判そのものの大きさを小型にした宝永小判を鋳造したりして、当座の出目《でめ》（鋳潰《いつぶ》した小判の額と新しく鋳造した額との差益）により、幕府財政を支えようとした。

しかしこの政策は一時のインフレ政策であり、新井白石の正徳の治により慶長金銀と同じ比率の小判に戻したものの貨幣価値は下がり続け幕府の信用もなくし、結局は一時しのぎの政策にしかならなかった。

田沼意次は明和二年（一七六五）、新たに秤量貨幣の銀貨に代えて「五匁銀《ごもんめぎん》」を発行した。これは新しい考え方で、両替商を通さずに金貨・銀貨の交換ができるものであり、二年後の明和四年には「今後は銀相場に関係なく、一二枚で金一

▼**貫文**
銭高の単位。貫（貫目）は尺貫法の目方の単位。

▼**慶長金銀**
小判は金プラス銀でできており、慶長金銀など「〇〇金銀」というが、「〇〇小判」ともいった。

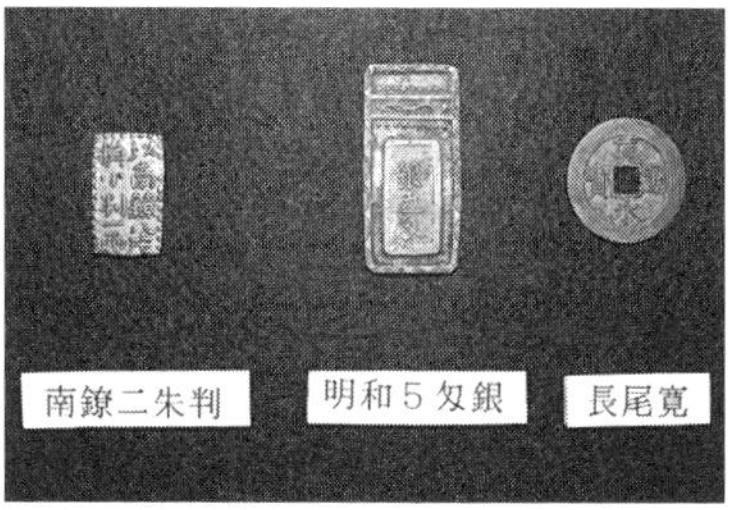

田沼意次時代に鋳造された三貨幣
（牧之原市史料館蔵）

両とする」とした。

翌五年には真鍮で「四文銭《しもんせん》★」という貨幣を鋳造。さらに明和九年には、オランダから輸入した銀で「南鐐二朱銀《なんりょうにしゅぎん》★」を鋳造し、表に「南鐐八片を以て小判一両に換《か》う★」と刻んだ。銀含有量は九七・八パーセントもあり純銀に近く、「五匁銀」のような銀の重量と関係なく、小判一両の八分の一の価値と定めたのだった。

この通貨政策の結果、金・銀・銅貨の交換比率もその日の相場による秤量制に頼る必要がなくなり、現在に通じる全国一律の通貨制度ができ上がり、商品の販売・購入等の便は増した。ところが金銀銭相場の変動を利用して金儲けをしていた両替商には迷惑なことで、この便利な表位貨幣である「南鐐二朱銀」が出回っては商売にならない。散々に、田沼のこの貨幣政策を中傷・罵倒した。

▼四文銭
真鍮の四文銭で寛永通宝の「寛」の文字の尾が長いものを「長尾寛」という。短いものは「短尾寛」。

▼南鐐二朱銀
南鐐二朱判銀、南鐐二朱判とも。南鐐二朱銀八枚で金一両に相当。南鐐は良質の銀の意。

▼換う
換えるの意。

貸金会所令

左は、天明六年（一七八六）六月に出された「貸金会所令」である。

一　諸国　寺社　山伏
　本山を金一五両とし、以下末寺全部それぞれ相応の金額
一　諸国御領　私領（村単位）
　持高百石につき、銀二五匁ずつ

一　町人（個人別）
　間口一間につき、銀三匁ずつ
一　御公儀よりも相当の金額
右の通り、天明六年より五カ年の間、毎年出金せしめる
利息は年七朱とし、貸金会所費を差し引いた額を出金者に配当する
融通を受ける藩は、領分の村高を証文に記しおき、滞りし際は徴収すべき年貢米を充当

大名の領地は固定され、新田開発による多少の領地開発はあったものの、米の生産高は豊凶により大きく変動し、また豊凶による米価の変動も激しく、検見《けみ》法《ほう》★を定免法《じょうめんほう》★に替えてみても計画的な藩運営が困難な上、商品経済の発展は大名家から家臣に至るまで、経済的な困窮をもたらした。

ことに五カ所商人と言われた江戸・大坂・堺・京都・長崎や大都市の商人たちは、大名の藩米を管理する蔵元となったり、毎年の年貢を担保に大名に高利で金を貸す「大名貸し」を行い、返却困難になった大名より士分を得たり、各藩の専売品の取り扱い権を得たりして「士農工商」の世でありながら、大名を凌駕する豊富な資金を得ていた。しかし、その豊富な資金を新しい産業に投資することもなく、返却の当てのない大名に貸す以外には、浪費することしか生かす道がなか

▼**検見法**
毎年、稲の収穫前に役人を派遣して豊凶の検査（坪刈り）をして年貢高を決める法。

▼**定免法**
過去数年間の生産高に基づき年貢高を定める法。領主にとって年間の収支予測が立つので都合が良い。

った。大名もまた、借財を返済するために新たな借財を重ねることが多くなった。旗本・御家人も支給米の管理をする掛屋《かけや》（大坂）・札差《ふださし》（江戸）から米を担保に金を借り、大名の家臣は半知★により知行高を削られ、領内の商人から借財を重ねることも多くなった。

これを救うための幕府の政策は、享保の改革の「相対済まし令」や寛政の改革の「棄捐令《きえんれい》★」にみられるように、金貸し主である蔵元・掛屋・札差・商人等の犠牲の上に問題を先送りするのみで、本格的な解決には程遠いものであった。

これを解決するために田沼意次は「貸金会所」を作り、その資金を大名等に貸し付けようとするものであった。会所の資金は全国の寺社の遊休資金（賽銭《さいせん》等毎日の日銭）、石高に応じた村々の分担金、間口に応じた町人と、幕府も相応の分担をして五年間出金して整えるというもので、幕府の初の公的救済制度であった。

ところが、これは残念ながら田沼意次の失脚により実現されなかった。松平定信の寛政の改革での旗本・御家人救済策は「棄捐令」で、旗本・御家人の借金帳消しという方法では、窮乏化した旗本・御家人に再び金を貸す人は現れず、ますます窮乏化を推進する結果に終わった。

▼半知
近世、主君が家臣の知行（地）の一部を臨時的に借り上げる「御借上（おかりあげ）」「御借高（おかりだか）」「御借知（おしゃくち）」等の措置の総称。

▼棄捐令
旗本・御家人たちの財政を保護するため、札差に債権の全部または一部を放棄させる目的で、寛政元年（一七八九）九月に幕府が発令した法令。札差は棄捐額約一二〇万両の損害を受け、旗本・御家人への貸し出しはほとんど停止され、人心を不安に陥れ、むしろ幕府の意図とは反対に金融上の障害が大きくなっていった。

印旛沼・手賀沼の干拓

田沼意次は、大名となり遠州相良を拝領する以前から、下総国香取郡・匝瑳《そうさ》郡に領地をもっており、八代将軍吉宗時代の享保九年（一七二四）に着手し、三一万両もの巨費を投入したものの中断した干拓事業を知っていた。

西の丸時代の吉宗のもとで研鑽した意次は、この印旛沼・手賀沼を見るたびに幕府の大金を使わずに何とか開拓の実を上げられないかを考えたと思われ、彼が老中になると下総国印旛郡惣深《そうふけ》新田名主平左衛門、島田村名主次郎兵衛の二人に、新田開発の調査を命じ、それが安永九年（一七八〇）、でき上がった。

その計画は、沼沿いに幅五・五間《けん》（約一〇メートル）の掘割を造り、沼の水を落として水位を下げ、約四〇〇〇ヘクタールの干拓地を造り水田とするものであった。その掘割も検見川《けみがわ》で江戸湾につながるもので、これは江戸と利根川を結ぶ運河となり、房総沖を通らずに関東一円の水運の便が図られることとなり、また利根川氾濫による流域住民の水害を防ぐことに役立つため、一石三鳥の計画であった。

天明二年（一七八二）二月、幕府勘定方猪俣要右衛門を現地調査に遣わし、翌年、大坂の豪商天王寺屋藤八郎、江戸の長谷川新五郎両名の「町人請負新田★」として着工した。つまり干拓事業の金主は二名の豪商、干拓従事者は近在の農民で、干拓が成功し新田が開発できた際には、幕府は数年間年貢を徴収せず、近隣の農民が二分、金主が八分を取り、償却に当てるもので、三方利を生む政策であった。

印旛沼の干拓『続保定記』
（船橋市西図書館蔵）

▼**町人請負新田**
江戸時代、町人が開発の主体となり開発した。新田開発では、開墾予定地を管理する領主へ地代金等を支払い、開発権を取得し、入植者を募る。入植者をすべて小作人とし、地主経営を行う場合と、取得した開墾地を分譲する場合がみられる。取対象地が湖沼や海浜部では干拓、堤防工事が必要となるが、工事費用は町人が負担した。

しかし、工事がほぼ完成した天明六年六月、関東平野は一大豪雨に見舞われ、利根川堤防数十カ所が一度に崩れ、洪水は干拓地も襲い、間もなく田沼意次の失脚もあり、この事業は再び中断されてしまった。

自然の脅威のためと、意次の失脚のために中断されたこの計画は、天保十四年（一八四三）、水野忠邦の天保の改革の中で「手伝普請★」として着手されたものの、水野忠邦の老中罷免により中止され、代わって公儀普請となったが翌年中止され、実現はできなかった。

昭和二十一年（一九四六）、国営干拓事業が開始され、昭和四十四年に完成し、約九三〇ヘクタールの干拓新田が誕生した。

▼手伝普請
近世の統一政権が大名を動員して行った土木工事。大名側は家臣を現地に派遣して工事を監督し、もっぱら人足費用を負担した。しかし安永・天明期（一七七二〜一七八九）からは、すべて幕府による一元的管理で施行され、手伝方（藩）は費用を上納するのみになった。

③

蝦夷地開拓を含めた海防政策

海外事情に精通していた田沼意次は、ロシアの東行（南下）政策に対応するため、北方調査を実施し、以降の海防政策へ多大な貢献を果たすこととなる。視野が広く先見の明があった田沼意次の行動力は、早すぎる失脚で無に帰する。

北辺調査団の派遣

仙台藩の医者工藤平助は、長崎に出てオランダ人から世界情勢を聞き、天明三年（一七八三）、『赤蝦夷風説考』★を出版した。最初は幕府に意見書として書かれたもののようであるが、田沼意次の家臣三浦庄二、勘定奉行松本伊豆守季持らはこれを見て驚き、何度か平助を呼んで所説を聞き共感するところ大きく、早速、田沼意次に献上された。田沼屋敷には平賀源内をはじめ蘭学者らが沢山出入りし、意次もその子意知も海外事情には精通していた。

安永六年（一七七七）には、択捉《えとろふ》島民とロシア人の衝突があり、また、松前藩が藩兵を出して収めた事件もあり、翌七年には松前藩からロシアが商取り引きを希望している旨の報告があり、その協議もしていた。

▼『赤蝦夷風説考』
工藤平助がロシア対策を論じた警世の書。上下二巻からなり、上巻ではロシア交易による蝦夷地開発を説き、下巻ではロシアの歴史・地理および同国の東方進出と蝦夷地の関係について述べてある。

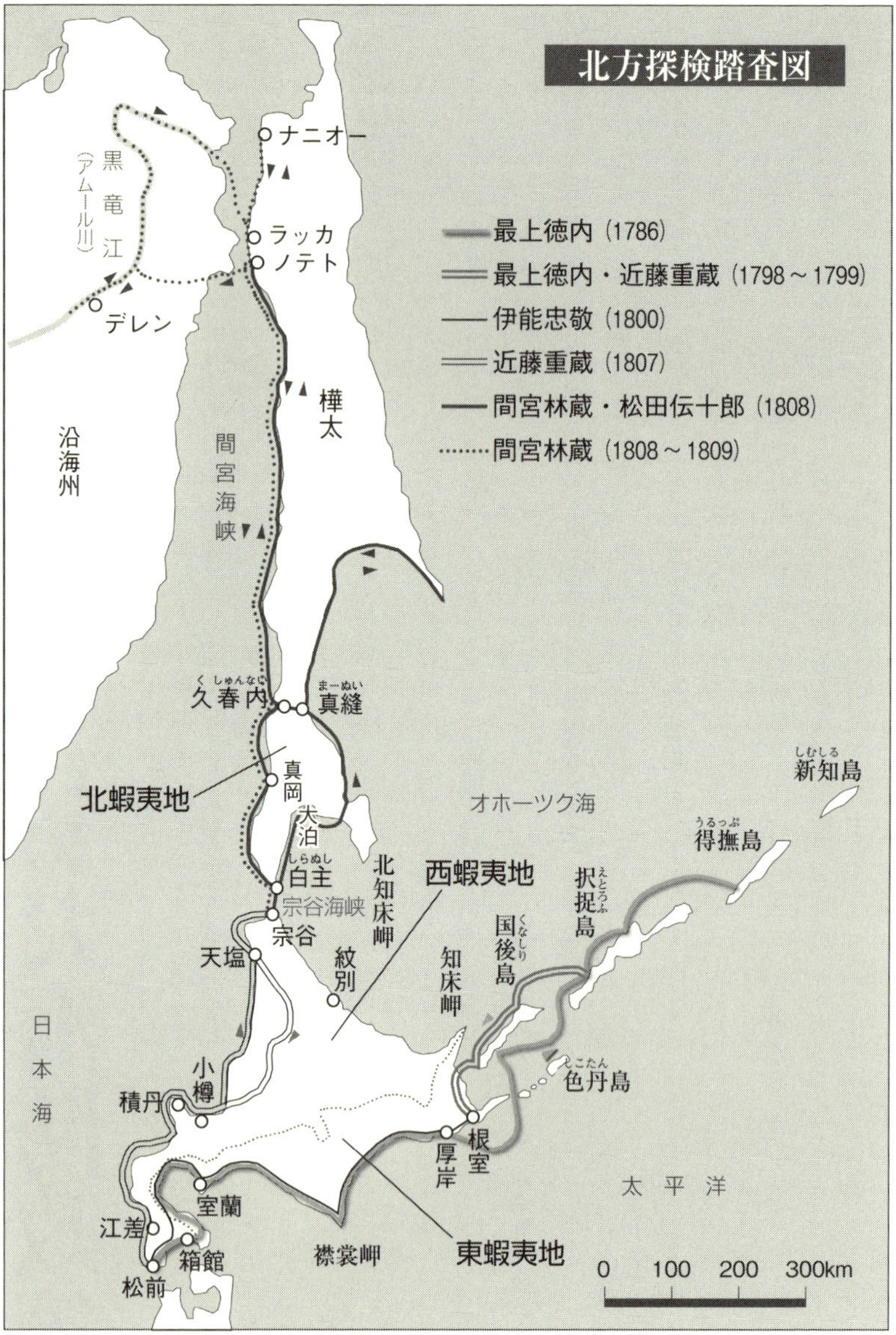
北方探検踏査図
最上徳内（1786）
最上徳内・近藤重蔵（1798～1799）
伊能忠敬（1800）
近藤重蔵（1807）
間宮林蔵・松田伝十郎（1808）
間宮林蔵（1808～1809）
ナニオー
ラッカ
ノテト
デレン
黒竜江（アムール川）
沿海州
間宮海峡
樺太
久春内《くしゅんない》
真縫《まーぬい》
北蝦夷地
真岡
大泊
白主《しらぬし》
宗谷海峡
宗谷
北知床岬
西蝦夷地
オホーツク海
新知島《しむしる》
得撫島《うるっぷ》
択捉島《えとろふ》
国後島《くなしり》
知床岬
紋別
天塩
日本海
小樽
積丹
色丹島《しこたん》
根室
厚岸
太平洋
室蘭
江差
箱館
松前
襟裳岬
東蝦夷地
0 100 200 300km

『日本史のアーカイブ――写真資料館』（東京法令出版）を参照し作成

そこへ工藤平助の『赤蝦夷風説考』が著されたため幕閣に相談の上、北方対策に乗り出した。

天明五年の春、田沼意次は千島《ちしま》隊、樺太《からふと》隊の二隊数十人を北辺調査に向かわせた。

樺太調査の責任者庵原弥六《いはらやろく》は西の「タラントマリ」（真岡の内か）、東の「知床岬」まで踏査《とうさ》して食糧が尽きたので、宗谷に帰って越冬した。手漕ぎの舟で海を渡り、防寒靴もなく足袋・草鞋で極寒地を踏査する苦労は並大抵ではなく、弥六は現地で死去、その下僚の大石逸平はその志を継ぎ、翌天明六年には「クシュンナイ」まで踏査した。大石は「大泊」において、毎年大陸から交易に訪れる「韃《だっ》靼《たん》人」一行に出会い、樺太が満州（大陸）と境を接し、樺太に満州人勢力がおよびつつあることを知った。

千島調査の責任者は最上徳内が務めた。出羽国（山形県）出身の徳内は天明元年、江戸に出て、本多利明の塾で天文・測量・航海術を学び、天明四年、幕府より本多利明に北蝦夷調査の命が下ったが、利明が病気のために徳内が代役を務めたのであった。

択捉島から得撫《うるっぷ》島を隈無く踏査し、アイヌと起居を共にし、その風俗習慣等も詳細に調査した。これは徳内がかねてよりアイヌ語を学んでいたことが役立った。この二島に足跡を印した最初の日本人であった。

徳内は択捉島の北部シェルシャムに行くと、その地で三人のロシア人に出会い、中にイジョヨという日本語のわかる男が一人いて、彼から得撫島以北の島の様子やロシア人南下の様子を聞くことができた。

徳内はロシア領まで足を延ばそうとしたが、田沼意次失脚と同時に帰国命令を受けて引き返した。帰国後その調査結果をまとめ『蝦夷拾遺』五巻と「蝦夷輿地《よち》全図」を著した。

これ以後、千島・樺太方面の情報は飛躍的に詳細となり、十数年後の近藤重蔵、伊能忠敬の踏査や、二十数年後の間宮林蔵の間宮海峡探検に大いに役立ったことは言うまでもない。

最上徳内
（九州大学附属図書館蔵）

蝦夷地開拓

幕府は松前氏を蝦夷島主として松前藩を置いたが、奥地の大半は未踏地で、松前氏の支配領域は西南端地域に限られていた。この地の先住民はアイヌ人で農業を知らず、狩猟・漁労で生計を立て、また口承文化であるユーカラ以外に固有の文字ももたず、オホーツク、樺太、大陸や内地との交易・交流も行われていた。

田沼意次は内地からこの地に入植させて、米作りができれば飢饉を克服することも可能ではないかと思い、また当時、赤蝦夷と呼ばれたロシア人の南下が行われ、すでに沿海州、カムチャツカまで掌握し、わが国沿岸に出没していたロシア人を牽制するためにも、入植・開墾とアイヌ人との融和が必要だと考えたからであった。

意次は腹心の松本伊豆守に蝦夷地開発★案を立てさせた。その内容は「本蝦夷地周辺七〇〇里ほどのうち、拡幅の平均は、およそ長さ一五〇里・幅五〇里で、その反別は一一六六万四〇〇〇町歩となり、この十分の一の一一六万六四〇〇町歩が新田畑に開発可能」と見積もり、「およその生産高は五百八十三万二千石。ただし、諸国の古田の石盛は、一反当たり一石の計算」とし、「蝦夷地の場合はこの半分の石盛で計算した」「蝦夷地の九割は開発不可能とみてこれを除外した」といったものであった。

伊能忠敬の「大日本沿海輿地全図」の完成が文政四年（一八二一）のことであるから、当時、蝦夷地の地図は存在しないはずであるが、この総面積の誤差は一〇分の一程度でほぼ正確だという。また、開発可能地を総面積の一〇分の一とし、収穫量を内地の半分と見なしたことは、まだ寒冷地に相応しい稲の品種改良のできていなかったことを思えば、これでも実現困難な数値だったかもしれない。

意次は蝦夷地入植の人集めのため、関東・東北一帯の穢多頭《えたがしら》弾左衛門を起用して、彼の支配領域を全国に及ぼすことを条件に人集めに取りかかった。第一期には取りあえず七万人を集める目標を立て、入植者の移住は八〜九年で完了させ

▼蝦夷地開発
田沼意次による蝦夷地開発とその顛末については照井壮助著『天明蝦夷探検始末記——田沼意次と悲運の探検家たち』（影書房）に詳しい。

る予定で進められた。

また、佐藤玄六郎の一行は、現地松前藩との交渉や開発地の現地調査のため先発していた。

ところがこれも天明六年（一七八六）八月の田沼意次失脚により、派遣組は呼び戻され、計画は放棄されてしまった。

幕府の対外政策は「鎖国」を基本としており、国際情勢の変化に対応できるものではなかった。海外情報は「オランダ風説書★」などにより承知していたが、問題が起きても先例がないことを挙げて先送りする以外になく、国益・国防意識は皆無ともいえた。

田沼意次の海外貿易まで視野に入れた政策では、国際情勢の変化・日本近海への諸外国の出没等は、国益を損なう恐れがあり、国防意識をもたざるを得ないものであったが、幕府はこれからも太平の夢をむさぼり続けるのであった。

▼「オランダ風説書」
長崎に入港するオランダ船がもたらした海外情報。「阿蘭陀風説書」とも。毎年、オランダ商館長より長崎奉行を通じて幕府に提出された。

これも相良

相良湊と大江八幡宮の御船神事

徳川家康が新町を作り、以後、前浜町・市場町・福岡町ができると、いわゆる城下四町が完成した。相良湊も鎌倉期の樋尻川（鎌倉川）河口の鎌倉河岸から、相良川（現・萩間川）河口に移行した。

享保年間（一七一六〜一七三六）には、城下四町の廻船問屋や水主たちが「相良社」と呼ばれた大江八幡宮の氏子となり、航海安全、商売繁盛を祈願して檜垣廻船・樽廻船の一〇分一の大きさの正確な模型を奉納し、田沼意次が藩主となると将軍家が浜御殿へ御成りの際の船唄（木遣り唄、練り唄）を取り入れ、小一時間かけて柱起こしと帆上げの後、この二艘の船を先頭に船若・天狗・幟・神輿・唐櫃・神職・氏子総代・役員等々が大江八幡宮から大江領内、城下四町を渡御して相良城内に一泊して大江八幡宮に戻る神事が行われてきた。

相良と福岡の廻船問屋、船頭、水主（かこ）が大江八幡宮に寄付した檜垣廻船と樽廻船の模型

この間、ペリー提督の浦賀来航の嘉永六年（一八五三）から安政の大地震の翌年（一八五五）までの三年間、大江八幡宮の渡御は中止された。相良領民や相良湊に関わる人たちにとり、国難・災害が重なり、祭り気分ではなかったことがうかがえる。

その後の明治六年（一八七三）、城下四町と一二カ村の氏子をもつ大江八幡宮は、平田・海老江・小牧・東中村のみの神社とされ、城下四町は波津の牛頭天王社（飯津佐波之神社）の氏子に組み替えられた。

現在、大江八幡宮の御船神事は国指定重要無形民俗文化財、明治二十九年から始められた波津の御船神事が県指定となっており、旧・榛原町の勝間田川河口の鹿島神社、坂口谷川河口の神明神社（現・細江）にも船一艘のみの御船神事が行われていて、牧之原市指定無形民俗文化財になっている。

④ 相良での田沼意次の実績

相良にお城を築き、新たな町割を完成させ、領内を活気づける田沼意次。
意次は、当時最上級の文化人たちとの交流も多く、文武両面で相良に刺激を与える。
しかし、藩主意次は幕閣として多忙で、景勝地・相良を堪能することはできなかった。

相良城の建設と落成

先にも触れたが、宝暦八年（一七五八）、田沼意次は一万石の相良藩主となり、同十二年に五千石の加増を受け、九年後の明和四年（一七六七）七月一日、従四位下に叙せられ側用人に昇進し、榛原《はいばら》・城東《きとう》二郡のうちに五千石の地を加賜され、二万石を領し相良に築城を許された。

早速築城の準備に入り、明和五年四月十一日には御城鍬初《くわぞ》め祭（地鎮祭）を相良御殿玄関先で行った。祭主は大江八幡宮の神主中村式部藤原為際《ためぎわ》★であった。

城域は東西五〇〇メートル、南北四五〇メートル余で約七万坪、北東を流れる相良川（現・萩間川）、北西の天の川《てんかわ》を外堀とし、元の相良御殿（現・牧之原市相良庁舎・相良中学校敷地）が本丸、相良小学校敷地が二の丸、相良高校敷地が三の丸

▼中村式部藤原為際
相良氏が肥後国球磨郡多良木・人吉に去った後、上杉一条三位憲藤が小夜の中山で怪鳥（刃の雉）を討ったとして、相良荘を恩賞として得て、東中館に居をもうけ、邸内に鎌倉鶴岡八幡宮を勧請した際、祭祀を司る神職がいないので、京都から神職を招請して中村（現・牧之原市東中）に屋敷地を提供して居住させた。その子孫が明応の東海大地震以後、黒子（現・牧之原市萩間）に移転していたが、本務社から遠いので、宝暦十年（一七六〇）、田沼意次は小牧（現・牧之原市大江）の大江八幡宮下に屋敷地を与え移転させた。

に当たり、その縄張り内の七坪当たり二分の割で、総額一九三両余の立ち退き料が下されている。また、城前に位置した浄土真宗大沢寺《だいたくじ》、浄土宗龍音寺も現在地に移転させられたという記録もあるが、この立ち退き料の中に含まれているかは不明である。

堀の石垣は江戸の請負師岡田新助の手により明和七年六月に完成、続いて建物建設に取り掛かったが、明和九年二月「明和の大火」に遭い、田沼意次の江戸屋敷も類焼し、そのため築城工事は先送りとされ、安永九年（一七八〇）の春に竣工している。

三重櫓《やぐら》の壮観な建物は、竜宮城にも見まがうばかりとされ、本丸御殿・客殿・御台所・御金蔵・文書蔵・太鼓櫓・東角櫓・二の丸櫓・南角櫓・西角櫓・南奉行所・御役所・大手番所・稲荷社・大黒天社・荒神社・湊番所・湊蔵・大手御門・御多門・二の丸門・園口門（園村口御門）・徳村門（徳村口御門）・長屋門・山本長屋・百間（軒）長屋・七十間長屋・作事長屋・三清長屋・喜清長屋・裏長屋・見付と重役の住む武家屋敷が完成した。

安永九年四月七日、田沼意次は江戸を発ち、十三日に相良到着。落成式典等のために十日間城内に逗留し、また領内の視察等も行ったと思われる。

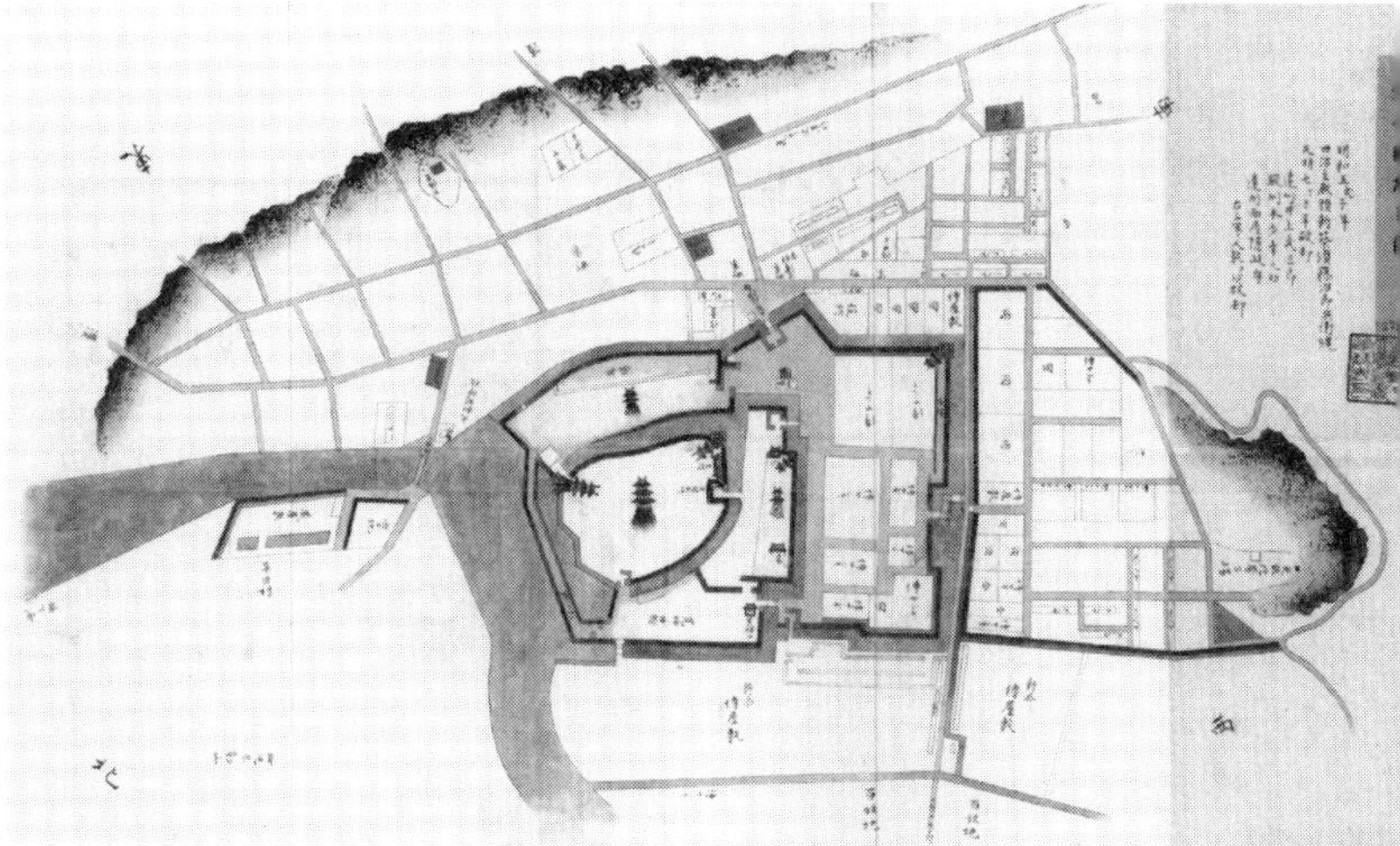

「遠江国相良城図」
（聖心女子大学図書館蔵）

この際、相良城築城の始めからこれを主宰した家老井上伊織に対しては、そのでき栄えを褒め、労苦を労《いたわ》り、子々孫々まで永代家老職とするお墨付きを与えた。

一時は柑子《こうじ》蜜柑《みかん》が植えられ、畑地となっていた徳川家康の相良御殿跡を中心に、御城下四町（新町・市場町・前浜町・福岡町）の町割が完成し、相良湊は鎌倉期以降盛んだった樋尻川河口から、市場町・前浜町に隣接した相良川（現・萩間川）河口に変更され、相良川と外堀を結ぶ場所には仙台藩主伊達重村の築造した仙台河岸もでき、檜垣廻船・樽廻船の寄港も可能となった。

人間的で自由だった田沼文化

田沼意次は、生まれながらの大名ではなく、幸運と努力によって一定の地位を得た人物であり、当時の武士の文化的素養は身につけようと努力していた。

こうした生い立ちは、あらゆる学問に興味を示し、そして、あらゆる学問を相対的に見ることのできる人物に育てた。意次の周りには平賀源内ら当時の自由人が集い、オランダ渡りの文物、源内らが収集した物産、

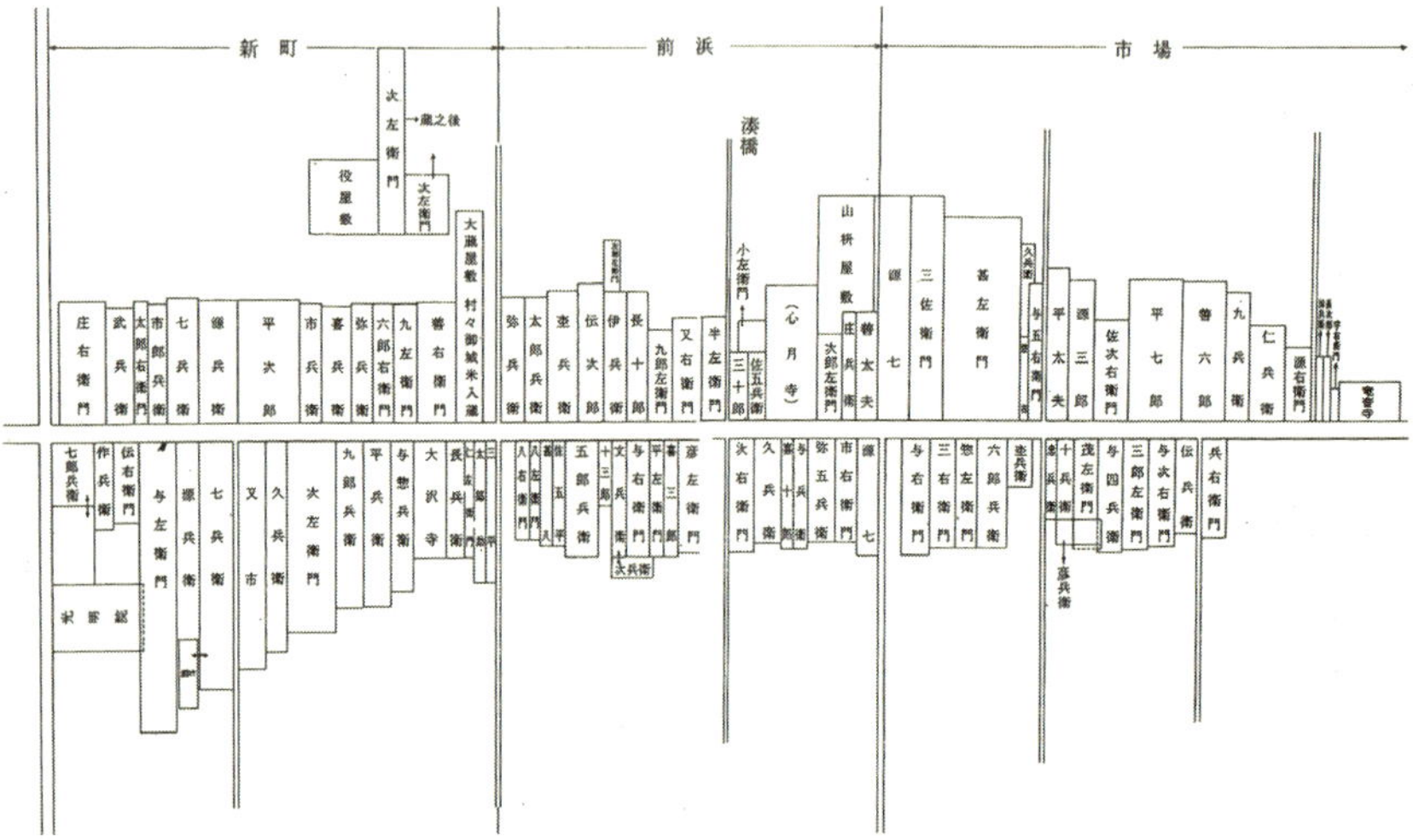

「相良三町町割図」（『相良町史』通史編上巻「元禄二年相良町屋敷検地水帳」より転載）

発明した珍品に囲まれた日常であったと思われる。

　教科書の江戸時代の文化といえば、元禄文化★、文化・文政文化（化政文化★）が対比されて記されている。しかし江戸期を通じて最も自由で開放的な時代は田沼時代であり、実際に江戸の町では文学（戯作）・絵画（浮世絵）・演劇（歌舞伎・文楽等）・医学（蘭方・漢方）・化学・薬学（本草学）・算学等々で著名人が輩出し、滑稽本・洒落《しゃれ》本・黄表紙・読み本等の大衆文化も華ひらいている。遊里・芝居も盛んで、人間本来の欲望を満たしていた。

　これは、農民を土地に縛り付け、農民からの年貢により幕藩体制を維持しようとする統制・緊縮政策に対し、商人を保護し商人からの運上金・冥加金を取り立て、さらには海外貿易で利益を上げる開放政策により、幕藩体制を補完しようとする田沼政治であり、自由にものを考え行動できる時代の産物であった。それらの人物名を挙げると、平賀源内（戯作者・本草学者・化学者・蘭画家）、司馬江漢（蘭学・蘭画家）、杉田玄白・前野良沢・中川淳庵（蘭方医。『解体新書』）、桂川甫周（蘭学）、大槻玄沢（『蘭学階梯』）、長久保赤水（地理学。『地球万国全図』）、朽木昌綱（『泰西輿地図説』）、森島中良（『紅毛雑話』）、林子平（経世家。『三国通覧図説』『海国兵談』）、恋川春町（戯作者・黄表紙）、山東京伝（戯作者。洒落本・黄表紙）、上田秋成（『雨月物語』）、円山応挙・松村呉春（写生派）、池大雅・与謝蕪村（南画）、東洲斎写楽・喜多川歌麿（浮世絵）、最上徳内・大石逸平（千

▼元禄文化
五代将軍徳川綱吉の将軍在職期（一六八〇～一七〇九）前後の文化。上方を中心とした町人文化として特徴づけられるが、綱吉の文化政策のもつ意味が大きい。第一に大嘗祭（だいじょうさい）、賀茂祭の再興、天皇陵の調査・修復等公武の文化的融合。第二に渋川春海・吉川惟足・北村季吟・住吉具慶らが幕府に召し抱えられ、幕府の文化的機能の充実を企図。第三に湯島聖堂の建設や林信篤の大学頭任用など、儒学の興隆が図られた。第四に孝子節婦の表彰や出版統制ほか、民衆教化政策が本格化した。

▼化政文化
江戸後期、寛政の改革と天保の改革の文化統制の間の時期にあたり、近世文化の最盛期を現出した。上方に源流をもつ文化の江戸での熟成であり、江戸町人を中心とした都市的文化であると共に、地方都市、農村部にまで及んだ庶民を担い手とする現実的な文化。

島・樺太探検）と、錚々《そうそう》たる人名が並ぶ。

相良藩でも、田沼時代になると相良城も完成し、町並みも整備され防火のために瓦葺《かわらぶ》きが推奨され、城下町相良と周辺の村々との道も整備された。相良湊も相良川（現・萩間川）河口に完成し、外堀とつながる仙台藩主伊達重村の寄進による仙台河岸もできた。

ここからは榛原・城東郡内の藩米・茶・石灰や染料となる矢砂渋木《やしゃぶし》★が江戸・大坂方面に運ばれ、榛原・城東郡内に販売する薬種等ももたらされた。

また、相良湊は近海漁業の漁港でもあり、近海では魚類のほかにワカメ・アラメ・サガラメ・カジメ★などが採れ、浜では製塩も行われ、川根（大井川）筋はもとより、掛川・森町から周智郡の山間を経て信州方面まで運ばれていた。

一方、街道は西の横須賀藩に通ずる横須賀街道、北西の東海道掛川宿・掛川城に通ずる掛川街道（秋葉街道・信州街道・塩の道とも）、北は東海道金谷宿に通ずる金谷道、北東は東海道藤枝宿・田中城に通ずる田沼街道が発展し、相良へは多彩な文化が流入した。

領内では剣道・弓道・俳諧・連歌・芝居・踊り・三味線等が流行《はや》ったが、現在まで継続しているものはほとんどみられなくなった。わずかに五月五日の凧合戦（旧・相良町と旧・福岡町で赤白軍に分かれてタコ糸を切り合う）と九月十五日

▼矢砂渋木
ハンノキの堅果で、これを俵詰めにして相良湊から江戸に運び、触媒により黄色から焦げ茶色に染める染料とした。

▼アラメ・サガラメ・カジメ
同一視されているが、静岡県水産技術研究所伊豆分場へ尋ねたところ、別物であるとのことであった。

前後の檜垣廻船・樽廻船の模型を担いで町内を巡る御船神事《おふねしんじ》（大江八幡宮・飯津佐和乃神社）が、当時の面影を残しているのみである。

田沼意次時代の相良あれこれ

お国入りと築城

相良藩主田沼意次のお国入り（領内視察）は、大名に列した折の相良領内視察と、安永九年（一七八〇）四月十三日の相良城が竣工した際の、城の検分時の二度とされている。しかし、世嗣田沼意知が刺殺されて葬儀を執り行った際、相良の菩提寺平田寺に参列・参拝したとも言われているが、その記録は『相良町史』資料編などには記録されていない。

相良城築城に際して、城下町の整備と板葺き屋根から防火・家並み整備のための瓦葺き屋根を推奨し、当座の金のない者への支援等をしている。製瓦業者《せいが》★には一〇〇両を七カ年賦で、しかも利子は年七〇〇枚の目板★物納という約束だったという。

農・商への姿勢

明和八年（一七七一）には村々に櫨《はぜ》、桑の栽培を奨励し、農民の収入確保、生

▼製瓦業者
瓦製造業者のこと。瓦屋は、瓦を買って屋根を葺く業者。

▼目板
板塀や羽目等の板の合わせ目に打ち付ける幅の狭い板。

活の安定を図った。

相良湊からは、領内の藩米を江戸、大坂に運ぶほかに、男神山《おかみやま》（帝釈山）・女《め》神山《かみやま》の漆喰《しっくい》、白壁用焼石灰、染料としての矢砂渋木《やしゃぶし》、森町・掛川・川根筋の茶などを搬出し、東海道筋への薬種などを搬入している。

今も残る伝統

田沼意次は明和五年八月に、小牧山若宮八幡宮（現・大江八幡宮）修造の大檀那となり、幣殿《へいでん》・拝殿等を再建した。神輿《みこし》、馬具、裃《かみしも》、袴《はかま》等も寄贈している。

そして、享保年間（一七一六～一七三六）に始められたとされる、同八幡宮の御船神事の柱起こし唄に、将軍の浜離宮への途次に歌われたとされる木遣り唄・口説き等を取り入れさせたとされ、例祭の渡御《とぎょ》行列の先頭を檜垣廻船・樽廻船の二艘が、船若《ふなわか》の舟唄に合わせて先導する御船神事の形が確立された。なお大江八幡宮の御船神事は、現在、国指定重要無形民俗文化財となっている。

同八幡宮には、高橋之綱門人の田沼家家臣一五名が、竹刀の絵馬を奉納し、また、田沼家家臣により射られた金的《きんてき》の絵馬も掲げられている。弓術は日置《へき》流★が主流だったとみえ、榛原・小笠郡下には、その弓道が伝えられてきている。

大江八幡宮扁額（田沼意知書）

▼日置流
室町中期、大和（一説に伊賀）の日置弾正正次が始めたと伝わる弓術の一派。

金的奉納額（日置流道雲派）

竹刀奉納絵馬（無外真伝流）

田沼意次の家臣団は急拵《きゅうごしら》えの寄せ集め集団であったため、その家格に合わせて武芸・諸作法・教養をつけさせる必要もあり、さらに領民統治の必要からも、武芸・祭礼等の整備発展を図ったものと思われる。

天明の飢饉と中田次郎兵衛

白井村の庄屋であった中田次郎兵衛《なかだじろべえ》は、天明四年前後の大飢饉に際し、近隣一二カ村の代表として、時の領主田沼意次に直訴し百姓救済を果たしたが、直訴の罪で一時、投獄された。その直後、意次が加増された特赦により無罪となり、帯刀を許された上、時香盤《じこうばん》（香炉時計）を拝領した。以来、中田家の家宝となり、現在は牧之原市史料館に寄託されている。

なお、意次については明和七年十一月十九日、「領地損耗せるのよしきこしめされ、金三千両を貸し与えられ」と『寛政重修諸家譜』にある。

また、明和九年八月十二日には、台風によると思われる大風により、相良新町の家屋一四軒が倒壊した。山林の倒木も数限りなかったことが、『相良年代記』に記されている。

筆塚の建立者・大村新左衛門正利

天明二年、男神の天神社境内（現在は男神社《おかみしゃ》に移築）に筆塚（牧之原市指定文

時香盤（香炉時計）
（個人蔵／牧之原市史料館寄託）

化財）を建立したのは、田沼意次の家臣大村新左衛門正利《おおむらしんざえもんまさとし》で、書塾を開き相良藩士族の子弟に教授していた。この筆塚建立は、全国的にも最も早い例とされる。

また、波津の泰盛寺には安永五年九月、秋葉大権現に奉納した五尺余りの大太刀「藤正利銘」が伝承されており、文武両道に秀でていたことがうかがえる。

なお、相良書道連盟では、毎年八月に「筆塚まつり★」を開催している。

男神社の境内の筆塚
（牧之原市男神／写真提供：牧之原市史料館）

▼筆塚まつり
毎年八月二十四日に萩間公民館で行う。今回（平成二十六年）は二四回目で、約四〇〇作品が提出された。

◇5

田沼意次悪評の根拠を疑う

浅間山の噴火による降灰、津留（つどめ）などによる他藩からの支援ができなかった時代、一揆や打ち毀しとなって各地は動乱し、その責任をすべて背負わされたのが田沼意次である。教科書検定への疑問、当時流布した「田沼罪案」などから、意次の名誉挽回に取り組む。

教科書検定にも要因あり

慶安四年（一六五一）七月の由井正雪の乱（慶安事件）をきっかけに、四代将軍家綱以降、文治主義の政治が行われ、特に五代将軍綱吉が元禄三年（一六九〇）七月、林鳳岡《はやしほうこう》邸内の聖堂を湯島に移して以来、儒教（朱子学）の教えが大名から庶民にまでおよび、台風や地震、洪水や日損《にっそん》（日照り・干害）等の自然災害までもが、為政者《いせいしゃ》の徳のなさによる天（天帝）の怒りであるとして糾弾された。

ことに身分の低い田沼の昇進を妬《ねた》む守旧派も多く、また旧領地を田沼に奪われたと信ずる本多一族の勢力もあり、田沼の周辺は田沼失脚を願う勢力に包囲されていたのである。

田沼意次の場合は、浅間山の噴火による降灰と気温低下による天明の大飢饉、

晩年の田沼意次

この結果の米価高騰等による打ち毀《こわ》し等は、田沼意次の政治が悪いからとされ、さらにこれをあおる勢力もいて、「田沼憎し」の声が巷《ちまた》にあふれたかの感がある。

しかも、田沼意次の悪評は近代の諸書にも記録されており、辻善之助の大正四年版『田沼時代』、徳富蘇峰の大正十五年版『田沼時代』、東京大学出版局『日本歴史講座』の田沼意次評価が、その集大成ともされている。

例えば、「まいない鳥」「まいないつぶれ」の図を、「田沼意次の収賄を風刺したもの」として辻が『田沼時代』の挿絵に使って以来、文部省（現・文部科学省）検定済みの教科書にまで使われたが、その図は天保十年（田沼が死んで五十二年目）に東流庵祐山が書き始めた叢書で、信用のおけない内容となっている。これは長袴・裃に丸に十字の紋が描かれ、田沼意次とするより将軍家斉《いえなり》の正室の父として長崎貿易に介入し、とかく噂の島津重豪《しげひで》としたほうが真実に近い。

文部省の検定をパスした高校の日本史等にもその悪評が検証されないままに掲載され続け、その結果、田沼意次の悪評として定着してしまった。

賄賂政治家、「生き人形」の贈賄《ぞうわい》、「まいない鳥」、政敵毒殺、領内での金銀・米穀の貯蓄、将軍家治および世嗣家基毒殺等々である。

しかし、先に挙げた『田沼意次・その虚実』の著者後藤一朗氏は、これらを検証して、その出典は江戸時代の『三王外記《がいき》』『甲子夜話《かっしやわ》』「植崎九八郎上書」「伊達家文書」からの引用、または誤読に基づく根拠のないものと論証、その出典自

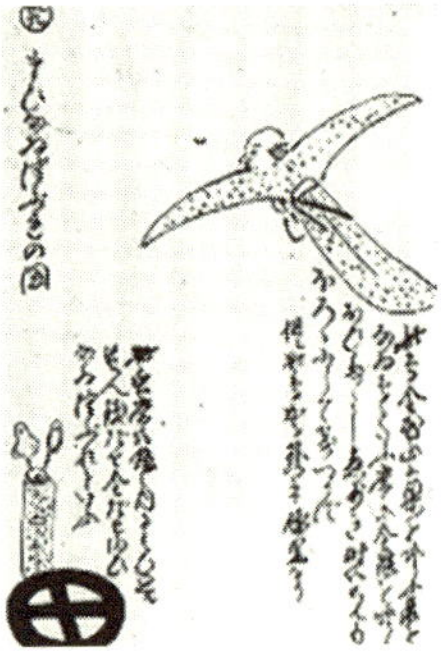
まいない鳥

まいないつぶれ

『三王外記』
（個人蔵／牧之原市史料館寄託）

体の証拠能力に疑義を呈し、反駁《はんばく》している。

近年でも、読売新聞社発行の『日本の歴史（第九巻）』などに、家治の世嗣家基急死の原因は、一橋家斉を後継にするための意次派医師による毒殺としており、これに一橋家の家老であった意次の弟意誠《おきのぶ》がからんでいるとしているが、十八歳の家基が急死した六年前に意誠は死去しており、一橋豊千代（のちの家斉）は意誠死去の際は生後二カ月の嬰児《えいじ》であったとして、その荒唐無稽な内容を論破している。

『日本文化史別冊』に記録された、田沼の没収された米は五八〇万俵、金銀七億八〇万両も出鱈目《でたらめ》★で、相良に残る「相良御城付御届写」には、米一〇〇〇俵、金一万三〇〇〇両、塩三〇俵、味噌一〇樽とあり、『相良史』には米一五〇〇俵（それ以外の数字は「相良御城付御届写」と同じ）と記録されている。

田沼の賄賂についても、高校の日本史の史料集『詳録新日本史史料集成』に『甲子夜話』から「賄賂政治」として掲載されているが、「中秋の月宴に（中略）或る家の進物は小なる青竹籠に、活発たる大鱚《おおきす》七・八計《ばかり》に些少の野蔬《やそ》をあしらひ、青柚《あおゆず》一つ毛《け》彫《ほり》萩薄《はぎすすき》の柄《つか》の小刀にて、その柚を貫きたり。……又某家のは、いと大なる竹籠にしび二尾なり。此二をば類無きとて興になりたりと云」とあり、その内容はささやかなものであり、建設業界等からの政治献金や工事費の五パーセントのキックバック等とは桁が違う。

▼田沼意次が巨万の富を相良城に隠していたというのは事実ではない。常識的に考えても、それらを蓄えておく場所もない。

役職に就く際に、上司・同僚になにがしかの物を贈り礼や挨拶をするのは田沼以前からの慣行となっており、田沼時代に始まったことではない。身分・格式にとらわれない人材登用等が守旧派★からは恨みを買い、田沼への反感、攻撃、追い落としへとつながったものと思われる。

　なお、当時の風刺歌（落首）を挙げておこう。

①この上はなほ田沼るる度毎にめった取りこむ主殿《とのも》も家来も
②年号は安く永しと替れども諸色高直《しょしきこうじき》いまに明和九★
③金とりて田沼るる身のにくさゆへ命捨ててもさのみ惜しまん

　①は、「田沼るる」は「頼まれる」に掛け、田沼意次が主殿頭《とのものかみ》であったため、頼まれれば田沼意次も家臣も賄賂をもらって何でもやる、としている。

　②は、年号が明和から安永に替わっても、物価高は変わらないと恨んでいる。

　③の「さのみ惜しまん」は、田沼意知《おきとも》を殿中で斬りつけた佐野善左衛門政言《まさこと》が切腹となったが、江戸庶民は「世直し大明神」として田沼失脚の狼煙《のろし》ともなった佐野をはやした。

　しかし、やがて田沼政治を全否定した松平定信の寛政の改革に対しても、

④世の中に蚊ほどうるさきものはなしぶんぶといふて夜もねられず
⑤どこまでもかゆき所にゆきとどく徳ある君の孫の手なれば
⑥白川の清きながれに魚《うお》すまずにごる田沼の水ぞ恋しき

▼守旧派
田沼意次の老中罷免は、当時の御三家・御三卿の談合により行われた。尾張の徳川宗睦・紀州の徳川治貞・水戸の徳川治保、一橋治済・清水重好・田安家代表松平定信らであり、中でも新将軍家斉（十四歳）の実父である一橋治済（三十六歳）はことのほかの権力を握っていた。

▼明和九
「迷惑」を掛けている。

意知が描いた「関羽」
下村藩初代藩主田沼意明が山寺村（現・新潟県糸魚川市）の金蔵院に寄進したという

として、同じ江戸庶民から敬遠され、田沼時代を懐かしむ風も生まれ、寛政の改革は五年余で終わりをつげた。

④は、「かほど＝これほど」と「蚊」を掛け、「ぶんぶ」は蚊の羽音と「文武両道」を唱える定信を掛けて迷惑がっている。

⑤の「徳ある君」は定信が徳川吉宗の孫であったから、その孫の手が庶民生活の細かなことにまで介入することを茶化している。

⑥は、白河藩松平家に婿入りした定信の政治は、あまりにきれいすぎて魚（庶民）は息苦しい、水の濁った昔の田沼時代が懐かしい、としている。

為政者の評価は、時の民衆の評価や、時勢におもねる人物の評価が定着しやすい。それにしても田沼意次の評価は悪評以外になく、その悪評がテレビ等の時代劇で再生産されて継承されてきた。

本著『相良藩』の読者諸賢が、この悪評に根拠のないことを理解して下されば幸いである。

田沼罪案二六カ条

田沼意次の老中罷免、相良城没収等の理由は、明確ではない。しかし、『田沼意次・その虚実』によれば、当時「田沼罪案」なるものが世間に流布《るふ》されたという。著者の後藤一朗氏も「なんぴとかの偽書《ぎしょ》であるといわれている」が「本物かも知れない」として、判断は避けている。ここでも参考までに引用しておく。

①その方は上様のお引き立てで今日の栄を得た。主君を立派に養育するのが大恩に報ゆる道であるのに、その方がそれを怠ったため、上様は小児同様の愚君★になってしまわれた。

②自分の親族縁者のみを登用するのはけしからん。若年寄に抜擢したその方のせがれは、佐野某に殺される程★の不行跡者なり。それでも当時、愁傷恐懼《しゅうしょうきょうく》の態度あらばまだしも、常に変わらぬ務めぶり、人情薄きこと言語に絶す。

③上様に差し上げる御膳部やお召物、すべて粗末すぎる。倹約と吝嗇《りんしょく》の区別をわきまえないのか。また御代々伝わる武器の管理怠り、手入れ不十分である。

④市中一〇カ所の火消屋敷・修理もなさず、きわめて粗末である。近ごろ壁土も落ち、外部から中が見透かされるようになった。

⑤伊勢神宮は二一年目ごとに御造営することになっている。御先祖様由緒の伝通院も破損はなはだしい。いずれもたびたび願い出ているが取り上げない。他はおいてもこの二か所の普請だけはやらなければ、上様の御徳輝が薄らぐであろう。

⑥その方神田役宅・木挽町《こびきちょう》屋敷・浜町屋敷、美麗をつくし、役柄不相応の驕奢《きょうしゃ》、お上の御威光にも差し障りある。一族一統ならびに家臣どもまでそれをまねて

▼八代将軍吉宗に薫陶を受け、九代・十代将軍に仕えたが、ここでは九代家重を指す。

▼田沼意知は天明四年（一七八四）、佐野善左衛門政言に私恨から殿中で斬りつけられ、数日後に死去した。三十五歳での将来を嘱望された意知の死が、意次失脚への道につながった。松平定信ら守旧派の謀略説もある。

栄耀栄華をきわめる。万事御倹約の御時節、もっての外なり。
⑦その方は諸家の役職や家格を上げる取持ちを多くしている。ことに溜間詰《たまりのまづめ》★は重き役目なるに、賄賂だけで簡単に決めたという事実がある。
⑧峰岡★の儀は、吉宗公御深慮により造られた御料牧場である。立木を伐採して払い下げたため、日陰がへり、清流が乾いた。それにより、牧馬《ぼくば》多く死に及びたり。
⑨御用金を諸大名に貸し付けるのはよいが、利子を取ってそれをお上の呉服料にあてた。卑劣の至りである。なお、民間資金も加えて貸し出し、それまでのお上の御威光で滞りなく取り立てている。奸商《かんしょう》の巧言にはまり、お上の御徳をけがすというものである。
⑩民間への貸し出しには縁故貸しが多いという。人びとはことの外、迷惑に及びし由なり。
⑪金座は、元をただせば町人の部である。しかるに武士同様、帯刀しだした。賄賂によって許したのであろう。
⑫産業功労者と称する百姓町人、または中奥御用達《ようたし》町人らに帯刀を許しているが、それが多すぎる。武士の権威を損ずるというものである。
⑬殿中にて熨斗《のし》裃《かみしも》着用の町人を見受けた。それも小人数だったところを見ると、これも賄賂次第で許したに違いない。

▼溜間詰
江戸城中の譜代大名などの詰め所。松間（まつのま）の次位。

▼峰岡
現在の千葉県南房総市大井に吉宗が開いた牧場。

⑭浪銭《なみせん》★が近年粗悪になった。庶民に嫌われ、通用の数も減じてきたが、それを知らないか。
⑮南鐐二朱判も名目通りには通用しなくなった。質が悪く、下々を欺くという次第なり。
⑯曲輪内に地面よりはみ出た普請があった。また火除地《ひよけち》だった中橋広小路にも家が建てられた。賄賂を取って許したのだろう。
⑰火除地になっていた浅草御蔵米御用地も、町人に売り渡された。賄賂によって公の御用地まで処分したのであろうが、その罪許しがたし。
⑱駿河・遠江・三河の三カ国は、権現様時代より特別大切な所としてきた。その藩主たち江戸滞在多く、その地、等閑《とうかん》★に付されている。もっての外なり。
⑲近年鉄座の扱い方がゆるんできた。金さえ出せば誰にでも売るというのか。
⑳九州にて川境の件で訴訟があったが、その裁きが片手落ちであった。賄賂を取ったのだろう。
㉑その方家来潮田某狼藉《ろうぜき》せしに、稲葉某の家来がお叱りを受けた。取り捌《さば》き不法なり、とその現場に居合わせた人が憤慨していた。
㉒近年学問もない粗末な医者どもがはびこり出した。その方は妾の宿元を奥医師に推挙したが、上様の御格禄★を下げ、権威を奪うに等しい行為である。
㉓その方御加増拝領の地は、良田のみむさぼり、ために貧窮の地を替地にとった

▼浪銭
波銭とも書く。江戸時代に鋳造された銭で、裏面に浪の模様がある。寛永真鍮銭、精鉄銭、および文久永宝を指す。四文銭ともいう。

▼等閑
なおざり。

▼御格禄
ごかくろく、おんかくろく。品位・値打ちのこと。

諸侯迷惑し、遺恨を含むにいたっている。

㉔八丈島産物御買上げの役所を新しく設けたために、民間業者が打撃をこうむった。権威をもって民を苦しめる悪政である。

㉕その方が賄賂を取るから、低い役人まで金銀私欲に迷い、依怙《えこ》・贔屓《ひいき》をもって万事取り計らい、武士の義理すたれ、驕奢《きょうしゃ》をきわめるにいたった。すべてその方一人の大罪、のがるべからず。

㉖北海道開拓・印旛沼干拓など、とんでもない計画をしたものだ。問題にもならんことで、沙汰《さた》の限りというべきである。

以上、偽書であるか否かは別にして、かなり具体的な内容が書かれており、幕閣内保守派によって書かれたともみえる。しかし、㉖の原文に「蝦夷地」ではなく、「北海道」とあるならばこれは幕末以降の偽書となる。しかし後藤も「漢文調で五千字からなる長文のもの」としていて、「要約して大意のみ」を記したとあり、後藤が原文の「蝦夷地」を「北海道」としたものであろうか。

いずれにしても、この「田沼罪案二六カ条」はあまり論理的な批判ではなく、将軍の権威を落とさぬよう大切にし、武士と町人の区別を明確にすべきとする立場から、家柄の低い老中田沼の存在を恨み、妬み、何事も賄賂をもらったから行った行為として、その本質を批判しているものではない。

政争とはそんなもので、これに徳川家の後嗣争いが絡み、また一橋家の陰謀も絡んだとすれば、田沼意次失脚の原因は曖昧なまま行われ、その状況下で空前絶後の相良城取り壊しも行われたのである。つまり、各地の城は幕府（公）のものであり、破却は幕府財産を棄損する犯罪行為であるべきなのだが、田沼意次復活を阻止するためには、その城も跡形なく破却する以外になかったのであろう。

この破却された城下町相良の次の領主は一橋家であり、代官を派遣して治めたものの、代々の代官の悪政から相良領民の抵抗を受け、いずれも江戸へ逃げ帰るのは象徴的である。

人事の粛清

松平定信が天明五年（一七八五）十二月、溜間詰になった。この役は時に老中と同席して政務に加わり、時に将軍の顧問となり意見を具申する役柄であった。年齢は二十九歳であり、御三卿田安宗武の子ということで、血筋からは新将軍に予定されていた家斉よりも上位であった。家治葬送後の天明六年十月十三日、御三家・御三卿らは次期首班（老中首座）に定信を推薦した。

しかし、幕閣には田沼意次の再起を願う者も多く、大奥では大崎・高岳《たかおか》・滝川らの支持者が中心となり田沼の減刑運動がなされていたため、定信が老中になったのは八カ月後の翌七年六月十九日であった。その間、定信は将軍家斉宛の意見書を差し出しており、田沼も将軍宛の上奏文を出している。

定信が溜間詰《たまりのま》になった直後、田沼の下僚伏見奉行小堀政方が放蕩《ほうとう》にふけって、文珠屋九助と訴訟となり、政方は定信の主張により免職となった。これ以降の人事粛清の主なものは以下のとおりである。

天明六年八月（一七八六）　老中田沼意次・御側取次稲葉正明の罷免

十月　田沼の神田屋敷・大坂蔵屋敷没収、領地二万石削減。御側取次田沼意致（意次甥）罷免、勘定奉行松本秀持減石罷免

十一月　勘定奉行赤井忠晶減石罷免、払米切手改役後藤縫殿助《ぬいのすけ》罷免

天明七年二月　書院番頭酒井忠聴ら罷免

五月　御側申次本郷大和守泰行《やすゆき》・同横田筑後守準松《のりまつ》罷免

九月　京都町奉行丸毛和泉守政良罷免、勘定方三〇人・普請方二〇人を処罰

十月　田沼意次蟄居申付、所領・居城とも没収、孫の意明に一万石与える。大老井伊直幸、京都所司代戸田忠寛ら辞任させられる

十二月　勘定組頭山宗十郎孝之公金着服・婦女関係不身持により死罪。不当に儲けた町人ら死刑および遠流、経済犯処罰者多数

天明八年三月　田沼派老中松平康福、水野忠友辞任させられる

寛政元年五月（一七八九）　博奕常習の旗本ら多数遠流に処す

六月　美濃郡代千種鉄十郎、年貢を金納させたとして遠流

このほか、江戸開府以来特権を与えられてきた御用商人たちも粛清され、幕府呉服師《ごふくし》茶屋四郎次郎★、菓子司大久保主水らが処罰された。

こうして松平定信の田沼派追い落としは着々と進み、並行して、寛政の改革の名で田沼の政策を次々に否定していった。その内容を見ておく。

①印旛沼・手賀沼の干拓、利根川～江戸湾間の掘割、これら一連の工事の中止・放棄
②蝦夷地開発事業廃止★
③千島・樺太の調査打ち切り★
④諸藩救済のための金融機関「貸金会所」の企画廃棄
⑤金剛山での探鉱事業中止
⑥表位貨幣「南鐐二朱銀」の鋳造中止、その地金一〇万両分を鋳て秤量貨幣「丁銀」を鋳て、旧通貨制度への復活政策を行った
⑦人参座、鉄座、真鍮座を廃止し、官営事業の縮小策をとる
⑧繰綿延売買会所、石灰会所、八丈島荷物会所、菜種油問屋、綿実問屋、薪炭問屋、銭小貸会所、舂米屋《つきまい》株等の株仲間の解散
⑨旗本救済策として棄捐令《きえんれい》を公布し、五年を過ぎた旗本らの借金は帳消しとした
⑩諸物価引下令公布

▼茶屋四郎次郎
京都の豪商。本姓は中島。四郎次郎は歴代の通称。初代清延は徳川家康の側近。二代清忠は早世。三代清次は朱印船貿易と糸割符制度に関係して巨利を積み、四代以降も代々、公儀呉服師を務めた。

▼蝦夷地開発事業廃止
現実を先送りし酷使されたアイヌ民族の生活が困窮し、寛政元年（一七八九）、「クナシリ・メナシの蜂起」が起こる原因となった。

▼千島・樺太の調査打ち切り
探検隊は解散され、その調査報告書は受理されず、『徳川実紀』には天明探検に関わる記載は一切ないとされる。

⑪米の標準価格を決め、米穀の買い占め禁止
⑫酒造制限（従来の三分の一）
⑬煙草、藍《あい》等の換金（商品）作物栽培、農家の副業を禁じ、米作りに専念させる
⑭都市移住者が増え農村人口が減ったので、「旧里帰農令（人返し令）」を出した
⑮国産薬用朝鮮人参の保護政策をやめ、輸入人参扱所を作った
⑯清国貿易船の長崎入津を年一〇艘に縮減させた
⑰長崎オランダ商館長が毎年一回江戸へ参府していたのを、五年に一度に縮減
⑱朱子学以外の異学の禁令公布（寛政異学の禁）
⑲医師の検定制度を定め、蘭方医を圧迫、漢方医を重用した
⑳書籍の出版抑制、浮世絵の取り締まりの強化
㉑女芸者、飯盛女、髪洗女、女髪結等、職業婦人の渡世を禁止
㉒銭湯の男女混浴を禁止
㉓私娼を厳禁、重犯・身寄りのない者は強制的に吉原・島原の公娼にした
㉔薬研堀《やげんぼり》、中洲の埋立地歓楽街は建物を破壊し、土地を掘り返し元の川にした
㉕厳しい倹約令。家具、衣類等のぜいたく品は売り払わせる。百姓は合羽、唐笠を禁じ、蓑《みの》・笠に限らせた。ぜいたくな玩具・菓子の製造・販売禁止
㉖大奥の経費節減（一挙に三分の一に削減）
㉗江戸市中の空き地に、新しく家を建てることを禁止

㉘没収した田沼の相良城は、無血引き渡しされたのに、全面破壊した
㉙大名の家臣や旗本の老中訪問の制限
㉚長崎奉行に密貿易の取り締まりを厳重にさせた

以上が、田沼意次の政策否定・禁止・廃棄・抑圧を特色とする萎縮・後退政策であり、田沼時代の自由な気風と科学技術の発展や研究の自由・創意工夫の楽しみはなくなり、江戸庶民の暮らしは規制、規制の味気ないものとなっていった。しかも蘭学圧迫、世界情勢の無知、学問発展の阻害、規則で縛る愚民政策、社会統制がその基本政策であった。

しかし、次の政策は後世にも一定の評価を得たものであり、飢饉等に備え、日常的に備蓄等をさせたものであった。

㉛田沼の能力本位の政策から、家格・家柄重視に転換し、全大名の系譜調査を命じた。これは『寛政重修諸家譜』編集に発展した
㉜幕藩体制維持のため、朱子学を普及させ、社会秩序をただそうとし、多くの孝子、忠臣、節婦、信義者らに褒賞を与えた
㉝米産地に郷蔵《ごうぐら》★（村方三役の土蔵）を建てさせ、籾貯蔵を命じた
㉞「七分金積立」の制。町費節減、地代・家賃引き下げを命じ強制的に貯蓄させた
㉟地方から江戸へ流入してきた無宿人を取り締まり、この無宿人対策として石川

▼郷蔵
江戸時代、年貢米の保管や凶作に備えて貯穀するため郷村に設置された共同穀倉。村方三役など村役人の蔵をあてることも多かった。

島に「人足寄場」を造り、職業訓練をして社会復帰させた
㊱出生率を高め、次代の労働力を確保しようとした

これらの評価すべき諸政策はあったものの、寛政の改革の基本的な政策は旧態依然たる本百姓維持政策、重農主義政策であり、田沼意次の将来を見越し、世界を見回した諸政策と比べると、家康時代や「総《すべて》神君様《しんくんさま》御《ご》先例《せんれい》如《のごとし》」とした吉宗の方針に戻るというはかない夢につかれた一時しのぎの政策であった。

この「寛政の改革」は抑圧政治であり、幕閣にも庶民にも期待外れに終わり、
㋐光格天皇の実父閑院宮典仁親王に「太上天皇」の尊号を贈りたいとする天皇の意志（二度にわたる伝奏）を峻拒した
㋑十一代将軍家斉の実父一橋治済を「大御所」と呼ばせたい将軍の意志を峻拒した

表向きには㋐㋑の理由により、三十六歳の定信は、江戸湾周辺の海防視察の後、将軍補佐役を解任され、老中職も罷免されることとなった。

一橋治済と将軍家斉にとっては、田沼意次の追い落としを果たした松平定信の「御役目御免」というところであった。

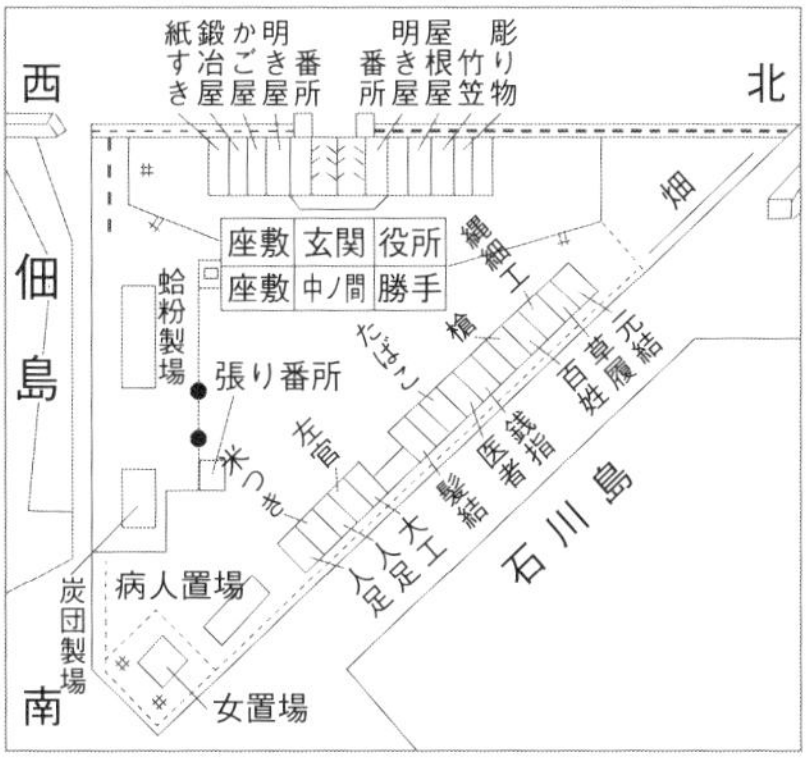

大田南畝「一話一言」の「加役人足寄場絵図」を元に作られた『日本史のアーカイブ――写真資料館』（東京法令出版）掲載図を参照し作成

⑥ 相良城の接収と破壊

一般に、「城」は本来、幕府の財産であり、大名の転封や改易、取り潰しの場合でも、入封してくる新藩主がその領地を統治する拠点として引き継ぐものである。ところが田沼意次が築いた相良城は、意次の復活を恐れ、空前絶後の城地破壊が実施された。

田沼意次憎しの所業

天明六年（一七八六）九月、城下の相良領民にとっては驚天動地の出来事が起きた。宝暦八年（一七五八）、田沼意次が一万石で相良藩主となってから前年の天明五年までに五万七千石に加増され、相良領民もその恩恵にあずかり相良湊と共に発展してきていたが、突如田沼意次の登城禁止・老中罷免・将軍家治薨去《こうきょ》等の報が届き、さらに所領二万石の没収、江戸神田の役宅・大坂蔵屋敷没収の報ももたらされた。

江戸や大坂からの船便でも飛脚の報でも、田沼意次の身に何が起こったのか、何が何やら分からぬまま一年が過ぎた天明七年十月初旬、江戸田沼屋敷★からの早飛脚により幕府の処置が判明した。

▼江戸田沼屋敷
神田役宅（東京都千代田区）・木挽町屋敷（東京都中央区銀座南東部）・浜町屋敷（東京都中央区日本橋）。

一、殿様罪蒙り蟄居《ちっきょ》仰せ付けられる
一、孫意明家督申し付けられる
一、相良城並びに旧所領みな没収せられる
一、奥州下村藩★に転封を命ぜられ、一万石を賜る
とあった。

幕府の処置は早く、十月十二日には幕府役人四〇名余が相良に到着、幕府の処置に対する藩士・領民の暴動等を防ぎ、速やかな城下・領地の収公を目指したものであった。

これに続き十一月二十三日には、和泉岸和田五万三千石藩主岡部美濃守長備《ながとも》を収城使《しゅうじょうし》とする二六〇〇人の一行が、江戸から行列を組んで相良城下に到着した。美濃守は本陣と定めた田沼家菩提寺の平田寺に陣取り、家老中与左衛門《なかよざえもん》は新町鍋屋市兵衛方に、以下も全員が城下四町の民家に分宿した。

皮肉なことに、本陣とされた臨済宗吸江山平田寺は、朱印高五十石の名刹で、田沼意次が相良藩主になって以来の菩提寺となり、意次の寄進により天明六年に新築、落慶したばかりの寺であった。

本堂左手の玄関は唐破風《からはふ》の屋根の下にあり、田沼家専用に造られた玄関であったが、ここを意次が利用した形跡はない。

幕府収城方は相良藩士数の七倍の大部隊であったところへ、さらに近隣の駿州

▼下村藩
田沼意次が隠居謹慎となり、その孫意明が一万石で立藩した藩。現在の福島県福島市佐倉下周辺。

平田寺（牧之原市大江）にある田沼家の専用玄関（上／写真提供：牧之原市史料館）と本堂左手の唐破風（右／写真提供：牧之原市教育委員会）

田中（藤枝）・遠州掛川・横須賀、三州吉田（豊橋）の各藩から五〇人ずつの支援部隊を動員して、相良藩士と領民の反抗を予防するため相良城下を遠巻きにして郊外の社寺、民家等に待機させた。

十一月二十五日の明け六つ時、鉄砲隊五〇名が火薬に点火して構え、同じく弓五〇張《はり》に矢をつがえた警備の中を、陣笠・陣羽織の岡部美濃守が栗毛の馬に乗って入城した。

相良藩城方は、城代倉見金太夫・家老各務久左衛門・中老潮田由膳以下三七一名、麻裃の正服であらかじめ定められた部署につき、整然とこれを迎えた。

収城使主席岡部美濃守、同家老中与左衛門、上使永井伊織、同久留十左衛門、代官前沢藤十郎以下の一同は、城内の主要な建物を検分して異常のないことを確認し、本丸御殿内で相良城収公の正式受け渡しを終えた。

これとは別に、金一万三〇〇〇両、米一五〇〇俵、馬四〇疋、武具・馬具類一切の引き渡しが、担当重役間で行われた。これら付属事項についてもかねてから引き渡しの準備がされており、予想外に短時間で実行された。

岡部美濃守一行は、家老中与左衛門以下三〇〇人を相良城下に残留させ、自らはその日の四つ半（午前十一時）頃には相良城下を発って五里の金谷道を急ぎ、東海道金谷宿に宿泊している。

相良藩士らは礼儀作法にのっとり裏門より下城して、一同揃って外堀外で下座

相良城明け渡しの田沼家家臣配置図

（『相良町史』より、文字などを打ち替え）

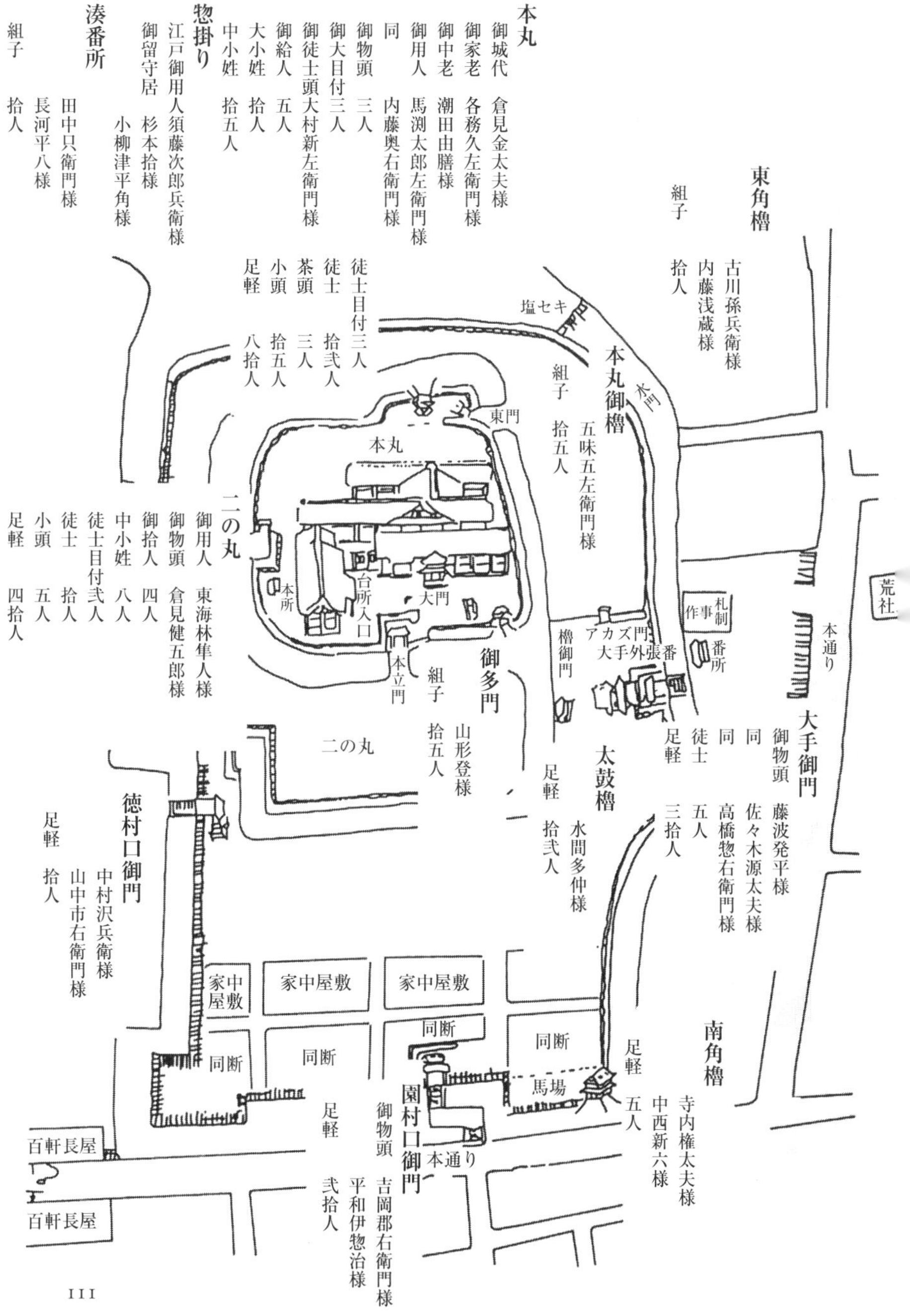

本丸
御城代　倉見金太夫様
御家老　各務久左衛門様
御中老　潮田由膳様
御用人　馬渕太郎左衛門様
同　内藤奥右衛門様
御物頭　三人
御大目付三人
御徒士頭大村新左衛門様
御給人　五人
大小姓　拾人
中小姓　拾五人
惣掛り
江戸御用人須藤次郎兵衛様
御留守居　杉本拾様
小柳津平角様
湊番所
田中只衛門様
長河平八様
組子　拾人
徒士目付三人
徒士　拾弐人
茶頭　三人
小頭　拾五人
足軽　八拾人
東角櫓
古川孫兵衛様
内藤浅蔵様
組子　拾人
塩セキ
本丸御櫓
五味五左衛門様
組子　拾五人
大門
東門
本丸
二の丸
御用人　東海林隼人様
御物頭　倉見健五郎様
御拾人　四人
中小姓　八人
徒士目付弐人
徒士　拾人
小頭　五人
足軽　四拾人
本所
台所入口
大門
本立門
組子　拾五人
御多門
山形登様
二の丸
アカズ門
大手外張番
櫓御門
札制
作事
番所
荒社
本通り
大手御門
御物頭　藤波発平様
同　佐々木源太夫様
同　高橋惣右衛門様
徒士　五人
足軽　三拾人
太鼓櫓
水間多仲様
足軽　拾弐人
徳村口御門
中村沢兵衛様
山中市右衛門様
足軽　拾人
家中屋敷
家中屋敷
家中屋敷
同断
同断
同断
同断
馬場
南角櫓
寺内権太夫様
中西新六様
足軽　五人
園村口御門
御物頭　吉岡郡右衛門様
平和伊惣治様
足軽　弐拾人
本通り
百軒長屋
百軒長屋

の上、城を見返し慟哭《どうこく》したという。田沼意次の相良藩家臣団は寄せ集めとはいえ、藩主の加増のたびに自らも加増されて、田沼意次への恩顧の気持ちも強く、また幕府の格式・幕閣との交際等、日々、新知識を必要とされるだけに緊張感もあり、剣道・弓道・和歌等の道も上達を競ったため、この生活の終焉を何とも悔しい思いで耐えたものであろう。

相良の相良藩家臣団のうち、奥州下村へ移転した者は限られ、多くは浪人した。藩では今後の身の振り方を聴聞し、十二月二十三日から翌天明八年一月十九日までに五回、五〇名から七〇名位ずつにお暇《いとま》が出された。その時の退職手当ては身分により九段階に分かれ、物頭席金二〇〇両を筆頭に小役人の金四〇両まで支給された。

また、田沼意次が修復した小牧山八幡宮（現・大江八幡宮）の宮司宅では、田沼の家臣たちが金品の分配、物品売買をしていたといわれている。

この収城使岡部美濃守の総員二六〇〇人もの供揃えは、参勤交代を除いては大変に珍しいことであり、その江戸出発の行列図が『甲子夜話』★にある。

次ページ下表のように、極めて短期間のうちに相良城の御殿をはじめ、櫓・各種御門・重職の屋敷・武士の長屋等を破却、その堀も解体した屋敷の壁土・屋根瓦等で埋めてしまった。

▼『甲子夜話』
肥前国平戸藩主松浦静山（清）の著。江戸時代の社会、風俗、外事ほか多岐にわたり絵図を付した一大随筆集。田沼意次については批判的。
また、相良の地にも、金谷町本陣出身で、相良小学校の校長を十数年間務めた河村多賀造著・山本吾朗出版『相良史』の「相良城破却日誌」に収城使行列図が記載されている。

田沼意次は病身で江戸におり、相良藩家臣は何ら反抗の姿勢もみせずに城地を明け渡し、その日のうちに収城使岡部美濃守一行は収公の書面をもって江戸に下った後に、空前絶後の破壊を実行したのであった。

田沼意次は罪を得たとはいえ、その罪自体が冤罪《えんざい》であり、守旧派による田沼追い落としのクーデターであり、しかも田沼意次は改易処分ではなく田沼家は減封の上の転封であった。改易の場合でも御家取り潰しとなっても、その居城、城下等を破却した例は知らない。

田沼意次憎しの感情が、収城に止《とど》まらず、城地破却におよび、これを幕閣主流が黙認したものであろう。

考えようによれば、これは幕府財産の破却であり、残存した家老中与左衛門の重大過失を問われ兼ねない問題であったが、岸和田藩士三〇〇人と近隣諸藩とその人足らは、その後何ら罪に問われることなく、田沼意次の相良藩は解体された。

天明七年二月二十二日には、解体した材木・建材・什器等を競争売却（競売）して相良城下を去った。

破却月日	破却場所	人足数
一月十六日	大手番所・冠木門・南角櫓	三〇〇人
十七日	同右	三〇〇人
十九日	冠木門・角櫓・園口門・徳村門	三〇〇人
二十日	大手番所・二の丸門・太鼓櫓	五八〇人
二十二日	長屋・作事門・御台所	五一〇人
二十三日	本丸御殿・作事長屋	五八〇人
二十四日	本丸御殿	五八〇人
二十五日	本丸御殿・倉見屋敷	八九〇人
二十六日	間渕屋敷・多賀谷屋敷ほか	八九〇人
二十七日	三重櫓・各務屋敷ほか	一〇〇〇人
二十八日	三重櫓・潮田屋敷ほか	一〇〇〇人
二十九日	御城内（城地内の残りの建物一切撤去）	一〇〇〇人
三十日	材木取形付け（片付け）	五〇〇人
二月　一日	七十間長屋	五〇〇人
二日	七十間長屋・物頭屋敷	一〇〇〇人
三日	山本長屋ほか	一三〇〇人
四日	奉行所・三清長屋ほか	一三〇〇人
五日	形付け（片付け）、解散	

相良城の遺構・遺物

相良城の徹底的な破壊と払い下げ等により、近隣各地に散在する相良城の遺物のほかは余り残されてはいない。

相良城の跡地については、本丸跡に牧之原市相良庁舎、牧之原市立相良中学校、二の丸跡に牧之原市立相良小学校、三の丸跡に静岡県立相良高等学校が建ち、往時を偲ぶ松並木が十数本相良小学校の土手に残っている。この相良城二の丸の松並木は現在、牧之原市文化財に指定されており、当時を想像させる唯一の並木であるだけに、マツクイムシ対策に力を入れ枯死《こし》を防いでいる。

城内には、ほかに榎《えのき》等の大木もあったが、近年、落ち葉に困った住民により伐採され、現在は駐車場になってしまったのも残念である。

また、当時の相良川（現・萩間川）と外堀を結ぶ場所に築造された「仙台河岸」の石垣がわずかに残るものの、千石船が接岸できたという船着き場の面影はない。これは仙台藩主伊達重村が中将昇進を期待して田沼意次に接近、築造したものとされており、満潮時には相良川の水が外堀に充満し、洗いはぎ（洗いさぎ）と呼ばれる水門を閉じる構造になっていたが、安政の大地震による三尺もの河床の隆起により、相良川の水が外堀を満たすことがなくなり、その機能は失われた。そ

二の丸の松と静岡県立相良高等学校
（写真提供：牧之原市教育委員会）

牧之原市立相良中学校
（写真提供：牧之原市教育委員会）

牧之原市立相良小学校
（写真提供：牧之原市教育委員会）

の外堀も内側が埋められ、底はコンクリートで固められて、排水路として利用されているのも遺憾なことである。

　このほかには、相良城の礎石・刀箪笥《かたなだんす》・飯櫃《めしびつ》・三重櫓の鴟尾瓦《しびがわら》等が牧之原市史料館に展示され、櫓太鼓は大沢寺、陣太鼓・猫足火鉢・相良城大杉戸等は般若寺、地の神様の石扉が焼津市の教念寺にある。

　大沢寺は相良城築城の最中に焼失したため、火災による焼失ということで移転を実現させ、材木も提供したのではないかとの疑義★も出されている。

　藤枝市の大慶寺の庫裡《くり》は相良城の御殿を移築したものとされ、相良城の瓦・石垣の石等は、好事家によって保存されている。

意次の遺書

　天明の大飢饉に際しては、領民も生活に苦慮した。

天明四年（一七八四）頃、白井村庄屋の中田次郎兵衛は近隣一二カ村の代表として、時の藩主田沼意次に直訴《じきそ》し、向こう三十日間の救荒米《きゅうこうまい》支援を訴えた。

相良藩は一日当たり男米二合、女米一合の割で五十日分の恩貸金を与えたが、中田は直訴の罪により、一時、投獄された。その直後、意次が加増されその特赦により無罪となり、帯刀を許された上に「香炉時計」を拝領し家宝とし、現在は

陣太鼓
（般若寺蔵／写真提供：牧之原市教育委員会）

相良城大杉戸
（般若寺蔵／写真提供：牧之原市教育委員会）

▼相良の城下四町は江戸時代に再建された町であり、その住民は大坂・近江・紀州・伊勢・三河方面、伊豆・清水方面からの移住者が大半を占め、その檀那寺は浄土真宗大沢寺と浄土宗龍音寺（りゅうおんじ）で、田沼意次が相良城を築く際、この両寺が大手門の前にあったため、両寺を現在地に移転させた（龍音寺は早期に）。その際、大沢寺は火災による再建という名目が必要であり、（わざと火事を起こして）相良城の余剰材で再建したということで、実は相良城の欅材で再建されたのではないか、とする説もある。

牧之原市史料館に展示されている。

以下の田沼意次の遺書にあるように、領民に対しては恩情をもって臨む姿勢がみられるのである。

田沼意次は晩年、子孫のために遺書を残している。その真筆と写しが横浜の田沼宗家に残され、代々、毎年正月には家中で聴聞式を行ってきたという。その大意は以下のとおりである。

人道といい、学問・芸道といい、今日ではわがまま勝手な行いが多々見られるようになった。これは教え方が悪いのではなく、学ぶ者の心得違いではなかろうか。わが子孫や家臣らは、道にはずれた行為をせぬよう、切に望む。

左の七カ条、とくに心を留めおかれよ。毎年正月、一門の者たちを集めて聴聞の式を行い、末代まで、怠りなくまもって欲しい。

第一　忠節の事、かりにも忘却してはならない。当家は家重・家治両御代《みよ》、比類なき御高恩を蒙った。その殊寵《しゅちょう》★、忘れては相済まない。

第二　親に孝行するはもちろん、親類縁者とも親しくし、ねんごろにつき合うこと。

第三　友人・同僚など、交際している人々とは、裏表なきよう心がけよ。目下の人々にも人情を用いるところは同様にすべきこと。

田沼意次の位牌（牧之原市大江・平田寺蔵／写真提供：牧之原市史料館）

▼殊寵
特別な寵恩。特別にかわいがること。

第四　家中の者をあわれみ用い、賞罰に依怙贔屓《えこひいき》があってはならない。しかし、臣たる者は、いつでも一身をもって主命に従う本分を忘れてはならぬ。

第五　武芸の儀は怠らず心がけよ。ことに若き者たちは別して出精せしむべく、時々は自身出向いて奨励するがよい。余力をもって遊ぶことは差し留めるに及ばない。

第六　権門・ご大身の家々には、無礼なきように気をくばり、公事《くじ》は、いかほど軽くみえることでも念を入れることが肝要である。

第七　勝手元不如意で貯えなきは、一朝事ある時、役に立たない。御軍用さしつかえ、武道を失い、領地頂戴の身の不面目、これに過ぐるものはない。

この一条はとくに重要なるにより、別紙を添えておく。

右の条々、厳しく相守り、違背なきよう心がけよ。この余のことは、人道の正しきに従い、心を用いて行動せられたい。★

別紙

大身・小身とも、すべて経理のことは同じ理で、収納の面では、予定以上に増えることはないが、凶作などで時に減ずることはある。支出の面では、減少することはないが、不時の出費が生ずることはしばしばある。この収納の臨時

▼原文は「人情之正道成所を考不怠被相守候様ニ希候事」。

減と、支出の臨時増は、たとえわずかずつでも、その出入り、数年を重ねる時は、うれうべき結果を招くのである。

借金した場合は、その利金ほぼ一〇分の一と考えなければならないから、一〇〇〇両借りればその時から知行一〇〇両分減らされたと同じである。利子の支払いと元金の償還のため、そこからさらに無理な借金をしがちであり、それが重なってますます増大し、大借金になった例は世間には極めて多い。

常に心を用いて、いささかも奢りなく、油断せずに要心せられよ。もしも、よんどころない仕儀に立ち至った際は、深く心にかけ、上下一致、抜本的な策を立て、その場限りの小細工はせぬがよい。

領内の取り立て、無理に強く申し付けることは慎《つつし》まねばならぬ。すべて、百姓・町人に対して無慈悲な扱いをしてはならない。家の害、これに過ぎるものはない。

正道をもって万事を処置すること、くれぐれも忘れてはならない。★

以上

▼原文は「幾重ニ茂正道を以万事ニおよぼし可被申候」。

これは、意次自身が小姓から大名、さらに老中へ昇進する過程で身につけた処世法を、後世の子孫にも守らせたいと願った内容として興味深い。

将軍家重・家治への報恩と主命に一身をかけること、公平公正な政治を行い、家臣を大切にし、経済状況はいつも思いがけない出費があるから奢りなく出納《すいとう》を行い、それでも出費がかさんだら先送りすることなく、情報公開して心を合わせて抜本改革をするしかないとしている。

意次自身の昇進と共に家格に相応しい家臣団の整備があり、同僚、上司に対する出費も増えることになるが、それも無駄な経費をかけないで行う必要があり、また領民に対しては無慈悲な扱いをすると、家の害になるから無慈悲な扱いはせずに正道をもって処置せよとしている。

一門は常に交流して団結するように指示しているのも、有力な血族のない田沼家の生き残りには必要なことであった。

これも相良

相良凧と平賀源内伝説

凧揚げ風景

相良凧は四本骨の五角形の凧で、尻尾はつけない。図柄は家紋・名文字・金時・鯉金・龍・鯛・武者などで、凧糸は麻糸で凧から五〇メートル位はビー（ビードロ）という、ガラスを粉砕して米糊で練り込んで乾かした糸をつけ、旧相良城下四町を相良と福岡の紅白二つに分けて凧合戦を行う。

この相良凧の製法や凧合戦の起源は、二度にわたり長崎留学した平賀源内※が相良に隠棲していた時に教えたとされている。安永八年（一七七九）、源内は人を殺め小伝馬町の牢で獄死したとされるが、その才能を惜しんだ田沼意次が相良領内に匿ったとされ、先の静岡沖地震（駿河湾地震）までは医業を営む人たちが代々住んでいる（現在は広瀬医院）屋敷裏に、土蔵の「源内屋敷」も残っていた。また町内福岡の日蓮宗浄心寺からはその墓を改葬した際、源内焼とされる花瓶二本が出土している。

伝源内焼（浄心寺蔵）

源内屋敷（広瀬医院裏の蔵）
平成21年８月11日の駿河湾地震で壊れ、取り壊された

※平賀源内
一七二八年〜一七七九年。本草学・物産学者、戯作者、浄瑠璃作家、志度焼（源内焼）開発者、発明家。讃岐国高松藩の小役人の家に生まれ、寛延二年（一七四九）、父の死後に家督を継ぐも、宝暦四年（一七五四）、妹婿に家督を譲り、他藩への仕官禁止を条件に高松藩を出た。人を殺《あや》め小伝馬町の牢屋で獄死したとされるが、田沼意次の領地相良に隠棲したとする説がある。

これも相良

相良への道

江戸時代の相良からは田沼街道、掛川街道（信州街道、秋葉街道）、金谷道、横須賀街道等の陸路と相良湊から江戸、鳥羽、大坂等への海路があった。

田沼街道は、安永九年（一七八〇）、田沼意次の相良城が完成すると意次の二度目のお国入りが行われた。

田沼街道起点の道標は大和（おおわ）神社前にある。中央の橋は湊橋。大和神社は相良湊へ入港する船の守り神（写真提供：牧之原市史料館）

掛川街道（信州街道・塩の道）起点の道標。右奥へ掛川街道（牧之原市大原）（写真提供：牧之原市史料館）

宝暦九年（一七五九）、初回の領内視察の際は東海道金谷宿から牧之原台地を縦断したが、二度目は藤枝宿から大井川を渡り相良に至る道を通った。以後、相良藩家中に限って正規の川越し場である島田～金谷間を利用せずこの道を通る、いわゆる下瀬越しが許されて「田沼街道」と呼ばれた。

しかし、島田～金谷間が出水のため川止めとなっても、下流の川尻（現・吉田町）～相川（現・大井川町）間では川幅が広いため浅く、徒歩渉可能なため一般の旅人も隠れて下瀬越しをするようになり、何回か禁令が出され、取り締まりも行われている。

なお、現在、田沼街道は相良から藤枝までの一部コースはたどれないが、藤枝市には田沼町の地名が残っている。

掛川街道は東海道掛川宿・掛川城下への塩・魚の道であるばかりか、周智郡犬居の秋葉神社への参詣の道であり、相良の塩を信州まで運ぶ塩の道でもあった。

金谷道は東海道金谷宿や川根筋への塩・魚の道であり、横須賀街道は横須賀藩（旧・大須賀町）への駿河湾岸から遠州灘海岸を通る幹線道であった。

一方、海路である。

中世の相良湊は樋尻川（鎌倉川）の河口にあり、ここから相良氏が建久年間（一一九〇～一一九九）に肥後国多良木・人吉に向け出航しているが、この湊は明応七年（一四九八）の大地震と大津波により壊滅し、江戸時代の前浜・市場の河岸に造られた相良湊とは別であった。江戸時代の相良湊からは、茶・椎茸・石灰・海産物等の領内や近隣の特産物や相良藩の年貢米（藩米）を江戸・大坂に運び、また薬種・日用雑貨等を領内にもたらしていた。

旧・相良町内中心部

35年ほど前に上空1000メートルから撮影された旧・相良町中心部（写真は昭和57年３月に相良保育園の卒園記念に配られた川﨑航空写真社制作「航空写真記念アルバム」に掲載されたもの）

さがらサンビーチ
明治二十九年（一八九六）に来相した貴族院議員松本順が開いた。松本は、徳川将軍家の侍医を務めた人物で、往時は良順と名乗っていた

aが静岡県立相良高等学校、bが牧之原市立相良小学校、cが牧之原市史料館、dが牧之原市立相良中学校、eが相良町役場（当時）。相良町役場の直線上を右に進み写真右端の木立に囲まれた白い建物が平田寺。相良城本丸は、牧之原市史料館の場所にあった

第三章 城が消えた城下町

完成した城も八年後には破却されて、領地は幕府領、一橋領となる。

1

幕府領後は一橋領に

一万石に減封された相良藩領は幕府領となり、臨時代官が派遣される。そして、相良城はすべて破壊され、そののちに一橋領となる。天明八年（一七八八）から文政十年（一八二七）を描く。

城の破却と巡見役人一行への駕籠訴

天明八年（一七八八）正月六日、できて間もない新しい城ではあったが、相良城を取り壊すことが決定された。同月十六日より城の破却工事が始まり、近くの横須賀藩・浜松藩・田中藩の関係者面々が担当した。協力者として、伊豆韮山の代官江川太郎左衛門英龍《ひでたつ》も参加し、代官前沢藤十郎の指示を仰いだ。また、近隣の村からは、村高百石につき一人の人足が割り当てられてその任務を果たした。その総数は一七〇〇人に上ったという。一月二十五日には、代官は江川太郎左衛門に変更となっている。やはり前沢は代官といっても平常時のそれではなく、城の受け取りと破却という特別な使命を帯びた臨時の代官であったと考えられる。

のちに陣屋として使用する役所と湊蔵★以外のすべてを壊したのは二月四日であった。同年五月、代官が江川から島田陣屋の野田松三郎に変更になり、年貢率が村人の意に添わない状況が生じた。そのような雰囲気の中で、五月十四日、幕府の巡見使一行に対して、菅ヶ谷・西山寺・女神等の一四カ村の村役人の代表から次のような内容の違法な訴願文書が提出された。

宝永七年（一七一〇）の相良藩成立以来、幾度となく「御領主様」が変更になり、年貢率が一割から三割余も増加し難儀している。ついては、私領から幕府領に組み入れてもらいたい。★

しかしこれは、禁止された駕籠《かご》訴《そ》★にあたるということで差し戻された。

江戸では老中、三奉行★などの高官が登城・登庁する駕籠を路上で待ち受けて、通過してゆく行列に駆けよって訴状を手に挟んで「願います」などと連呼して差し出す。供の者はこれを一応は阻止して突き飛ばすが、結局は訴状を取り上げ、本人を捕縛して役所に拘引する。簡単な取り調べの上、所定の役所に願うように申し渡して身柄を釈放するが、一般に急度《きっと》叱《しかり》程度の軽い刑罰を科した。

江戸での越訴と陣屋の廃止

寛政元年（一七八九）五月には、島田代官所から手代の嶋林半八郎と木村久吉

▼湊蔵
年貢を収蔵するための倉庫。

▼
一橋治済は田沼意次失脚の黒幕であった。その一橋領になることを相良領民は潔しとしなかった。

▼駕籠訴
越訴（おっそ）の一種。幕府の代官や大名などの駕籠を待ちうけて直訴（じきそ）すること。

▼三奉行
江戸幕府における、寺社奉行、江戸町奉行、勘定奉行の総称。

幕府領後は一橋領に

の二名が派遣され、城跡やそのほかの土地の検地を町内から出された人足を使い実施した。この時、城の周りの堀は水田として使用できるような土木工事も行い、平田・波津・徳・相良の四カ村に分割、帰属させ、年貢を新たに課した。

続いて寛政二年になると、年貢の三分の一を金納する方法からすべて米で納める皆米法《かいまいほう》に変更してほしいという訴願行動が計画され、八月十六日に勘定奉行柳生久通《ひさみち》の用人へ越訴している。

これは前回（天明八年〔一七八八〕の藩内の一部の村の行動）とは異なり、島田代官所が関係する一〇〇カ村の惣代四名が江戸に赴いて行われた、触書に反した違法な行動である。役所の用人は願書を読み、添状がないから受理できないと拒否し、奉行が帰館するまで待つように命じた。夜になり、四名は邸内の白洲で駆け込み訴訟をしたが、やはり駕籠訴と同じであり受理できないということで、島田代官所に差し戻されることになった。

次の日の朝、再度出頭するように言われていたので、奉行宅へ出向くと夜まで待たされて、無理に願うとお咎めがあるので村に帰るように諭されたのである。しかし、惣代の一人平田村の与左衛門は、このままでは帰れないので老中松平定信に直訴するとの決意を述べたところ、村に帰るとの請書《うけしょ》を強制的に書かされる。翌十八日、駕籠訴を決行する予定であったが、その日はできなかった。次の十九日の昼、下城途中の老中松平定信に対して今度は駕籠訴を決行したが、直ちに屋敷へ戻るからとのことなので、あきらめて屋敷の門前の松に掛けたのであった。駕籠訴などの越訴は違法な行為であり、処罰されることもあり得た。改めて島田代官所へ添状下付申請を願おうと決めて、九月三日に帰村している。勘定奉行および島田代官所の対応としては温情ある処置であったと思われる。

この時の島田代官は野田松三郎で、天明八年、出羽国から島田に転任してきた代官であり、寛政五年まで五年間この地を支配し、次は駿府代官となっている。家禄は七〇俵五人扶持であった。

しかし、島田代官所から派遣された手代三名も七月一日からは島田代官所相良出張所（のちの相良陣屋）を引き払い、その後の代官との連絡は、村人が直接島田まで出かけて行うように変更され、寛政十二年にはまた訴願行動が発生している。

三万石余の一橋領となる

御三卿の中でも特に一橋家というのは、由緒ある家柄であるが、一橋家の知行地が、この地に成立をみるのは、寛政六年（一七九四）十一月十九日からである。この日にこれまで島田代官所の支配していた村々の一橋家の領地に移る手続きが駿府紺屋町役所において完了したため、一橋領が正式に成立した。相良を中心とした榛原郡五四カ村の一万五千二百六十六石余、さらに城東《きとう》郡三四カ村の一万四千九百七石余の合計八八カ村（現在の牧之原市と御前崎市の一部）三万石余は、徳川御三卿一橋家（治済《はるさだ》）の領地となった。

一橋家はこれら新封の地を支配するため、代官として佐野只右衛門、同心に五十嵐唯吉・中込祖平次・藤巻藤四郎・藤巻清太郎、さらに横目役（横目付ともいい将士の挙動を監視・検察し非違を弾劾《だんがい》する役）として津田木良左衛門らが小役人三〜四人と共に、相良に入って来た。

一橋家では相良城跡は使わず、別に「御用所」という陣屋を波津に建造して、以後文政十年（一八二七）まで三十三年間、その支配にあたった。

この間七人もの代官が交替したが、そのうち矢嶋与市右衛門と馬場新兵衛は、年貢を厳しく取り立てたため民心が荒れ、文化二年（一八〇五）九月には一橋家からの巡見使を宝泉寺に包囲するという騒動が起きた。これは百姓たちが切添★の検見法に反発しての騒動で、江戸まで直訴におよんでいる。このことについては、次節で述べる。

本格的な陣屋を設営する動きは、寛政八年正月から始まり、一橋領陣屋設営の設計書ができ上がる。これを入札《いれふだ》にかけたところ、請け負い代金一五〇両で須々木村の大工佐七が落札し、寛政九年正月から陣屋の普請《ふしん》が始まった。相良内外の地から取り寄せた古家の資材を買い入れての建築であった。古家の柱や梁、板

▼切添
農民が自分の田畑の地続きを切り開いた新田。田沼時代には黙認されていた。

等々を活用して建てたのである。古家を造作して建築された陣屋に一橋家から派遣された代官の面々を列挙すると、次のとおりであった。

佐野只右衛門　寛政六年十一月～寛政七年六月
山下為之助　寛政七年六月～文化二年
矢嶋与市右衛門　文化二年～文化三年
渋谷熊太郎　文化三年二月～文政三年三月
本多金平★　文政三年三月～文政四年五月
馬場新兵衛　文政四年六月～文政六年三月
※木下徳太郎　文政六年三月～七月（「跡取締御用」として）
小島蕉園　文政六年二月発令、四月着任～文政九年正月
百井貞助　文政九年正月～文政十年

この後の郷士は、一橋家・田沼家の領地以外は駿府奉行所の領地、つまり幕府直轄となっている。

▼本多金平
文政三年三月に新しい代官として着任したが、その年の十二月に須々木村（現・牧之原市）の領民から御救拝借金七一両と御救米六十五石を十カ年賦で借用する願い書が御用所に提出された。原因は例年にない大凶作で年貢を納められる状況でなかったためで、同様の状況は榛原郡・城東郡の八八カ村すべてであったと推定される。

2 巡見役人とのひと騒動

御三卿である一橋家の所領となり、巡見役人が派遣されてくる。
それにより騒動が起こり、江戸一橋家への訴願行動に発展する。
そして、小前百姓らによる蓑かぶり一揆が発生する。

苛酷な決定と巡見役人の恫喝

文化二年（一八〇五）三月、相良代官に就任した矢嶋与市右衛門は、領地の全村に対して、巡見役人（巡見使とも）に対する各村の応接は、特別な準備は必要ないという内容の廻状を発した。巡見の目的は、領地内の各村を今一度調査し直して、年貢増徴の可能性を確認することであった。そのため、事前に村絵図・見取場絵図・荒地絵図・御林《おはやし》★絵図、および新田開発が可能な場所等の絵図を村ごとに作製させ調査して、巡見役人大屋四郎兵衛らが相良陣屋に到着する前に相良陣屋まで提出させたのである。

このような一橋家の巡見が文化初年に実施されるようになったのは、それまでの幕府直轄支配の展開とも関係があるのであろうが、正しく村々の実態が掌握で

▼御林
領主林。御留山（おとめやま）、御立山（おたてやま）とも呼ばれる。

きていなかったからでもあろう。御三卿は本来、領地をもたなかったため、巡見（検分《けんぶん》）役人もいなかった。一橋家が相良を中心に三万石を領すると巡見役人を派遣したが、使命感に燃え、前例を無視して検分し、余剰米を摘発して成果を上げようとした。このことが騒動の原因となった。

老中松平定信が天明七年（一七八七）から寛政五年（一七九三）にかけて実施した「寛政の改革」を、一橋家が後追いした政策である。目的は、領地支配に慣れない一橋家が、領内の各村々の実態を把握することにあった。

そのためこの巡見は非常に権力的であり、巡見役人大屋四郎兵衛は、巡見そのものについては村々の百姓たちに迷惑をかけないようにすると言っていたにもかかわらず、絵図面等についていいかげんなことをした場合は、それを糾明して関係者に「御咎《おとがめ》」を命ずることもあると警告することを忘れなかった。

このような巡見の目的を知った各村は、それへの対応を考えたはずであるが、そのすべては明らかではない。そうした中で、史料が残っているのは相良の隣村である比木村《ひきむら》（現・御前崎市比木）である。当時、比木村は上《かみ》ノ谷《や》、藪下《やぶした》谷《や》、梶《かじ》ヶ谷《や》、勝佐谷《かつさや》、宮木谷《みやきや》、川崎谷、杉ノ谷、中田谷という八つの組に分かれていた。当時の年貢は村請制《むらうけせい》といい、名主《なぬし》・組頭・百姓代の村役人★が主体となり、名主の責任で一括して納入することと定められていた。村の自治管理が完成していたのである。

▼村役人
名主（庄屋）、組頭、百姓代。村方三役とも言う。

巡見役人一行は、相良到着が文化二年八月十三日の予定であったが、一日遅れて八月十四日になった。比木村八組の村人たちも村内宝珠寺に集まり、宝珠寺老僧の協力を得て村絵図・荒地絵図等を作製し提出していた。代官から切添立出《きりぞえたてだし》★を命じられた比木村八組は寄合をして、川崎谷組を除く七組は差し出すことを取り決めた。しかし、川崎谷組だけは広い土地柄ではなく切添立出はわずかであるからという理由で、切添立出を差し出せないと強硬に主張した。

このことについて、巡見御用所の改掛《あらためがかり》蔦木良左衛門は立腹して村役人と激しくやり合い、対抗措置として領内八八カ村の新しく開いた耕地を記した切添帳をすべて差し戻して、検地を実施すると宣言した。そのため、川崎谷組は切添立出のことで年貢にまで話をおよぼすなど、領内に迷惑をかけられないと判断し、切添立出★が三反二〇歩あることを書き付けて御用所に提出し、一件落着となる。

村内の労力提供を受けて巡見役人の廻村が、八月二十八日以降、順調に進行するとよかったのだが、九月になると領内全村に関わる騒動が起きてしまう。

九月一日、巡見御用所から、領内すべての村役人に対して、印鑑持参の上、九月五日までに出頭せよという廻状が回り、集まった会場で巡見役人から切添見取米のみならず地代永★として田畑の区別なく一反歩につき永一〇〇文の金納を命じられた。しかし比木村の川崎谷組は三反二〇歩と報告したにもかかわらず、御用

▼切添立出
古林の地続きの場所に木を植え、林を広げていくこと。

▼切添立出
『相良町史』では「切添田畑」と表記されている。

▼地代永
地代を永楽銭で金納すること。実際は寛永通宝の銭納。

所の帳面では、それよりも多く記載され、なおかつ地代永として永三八三文の賦課があったのである。そのような事例は関係する村すべてに対して同様であったので、相良の郷宿《ごうやど》★に関係者が集まり、年貢と地代永の免除を実現する方向で意見が一致し、領内一本の願書を提出することを決めたのであった。

本来、切添については、はじめの数年間、年貢は免除される通例なのに、厳しく竿を入れ、坪刈り★を行い苛酷な課税をしたため、ついに騒動に発展した。

九月十二日未明、勢揃いした百姓は続々と相良に詰めかけ、その数は三千余人にものぼり、道・田畑の別なく宝泉寺★の宿舎に巡見役人を包囲した。これを鎮めるため、お願いしたいことは紙に書いて出しなさいという「蒔き札」が蒔かれたが、明け方まで全員解散しなかったという。この事態を見て恐れをなした巡見役人一行は任務を放棄して願書を携えて、相良から江戸に戻ってしまった。これを「宝泉寺騒動と蒔き札一件」と呼ぶ。

このように切添年貢等についての巡見御用所への示威行動で、表面的にはともかく、小前百姓★・村役人らのすべてが共同行動をとり得たのは、慶長検地以来、この地方の領主支配の展開の中で、田沼時代の年貢率は高く、五、六割の時代もあった(『相良藩の年貢』若尾俊平・武田魁著)ほどだったが、切添田畑には温情的であったのに対し、切添田畑を見出して、それにいきなり相当の年貢賦課が行われるとなると、今までの通例と異なり、農民個々の生活は、著しく負担増になる

▼郷宿
公事人を止宿させ謝礼を受けて、ひそかに訴訟当事者のため斡旋することを業とした宿。

▼坪刈り
実際に一坪の収穫高を量り、面積に掛け合わせ全体量を知る法。

▼宝泉寺
本多忠晴が創建した黄檗宗寺院で一橋家の巡見役人の宿になっていた。廃寺となり、今は小さな位牌堂が残るのみである。

▼小前百姓
村役人級の大前百姓に対する小農民のこと。年貢を納める本百姓を指すだけでなく、水呑百姓を含めていう場合もある。

のではないかという、惣百姓共通の危機感が沸き起こり、大掛かりな示威行動に駆り立てられたものと思われる。

小前百姓が江戸に赴き陳情

相良陣屋では、巡見役人が去った後の十月に小前百姓からの要望につき、陣屋としての取り扱いについての結論を出し、十二月二十三日にそれぞれ村役人に申し渡すので、印鑑を持参して陣屋に出頭するようにと指示したが、当日になり、江戸からの返事を聞いてからにしたいと答えている。

各村の小前百姓たちの間では、江戸出府陳情の動きが俄《にわか》に活発化していた。それは榛原郡南原村の元右衛門から次のような情報がもたらされたからである。元右衛門は、かつて江戸に出て一橋家の側用人行方《なめかた》六左衛門に長い間奉公し忠勤に励んだので、六左衛門のお気に入りとなっていた。騒動の後、彼は江戸表に出て行方に再会し、行方に巡見騒動の一部始終を詳しく話し、その判断をあおいだらしい。行方の話では、切添田畑云々《うんぬん》のことは、藩当局から指示されたものではなく、大屋四郎兵衛が独断で実施したと思われ、したがって各村から年貢の減額を願い出れば、叶えられる可能性は十分にある、このことは行方から大屋四郎兵衛の同役である米田吉太夫にも話してあるので、改めて願い出たらどうかというような示唆があった、というのである。

文化二年（一八〇五）十二月十八日、相良の郷宿において、領内寄合が開かれた。領内寄合の趣旨は、元右衛門の言うように、今しかるべき願書を提出するならば理解が得られるかもしれないということに対する対応を相談するためのものであった。寄合の結果は、そうした可能性があるならば江戸に行き陳情をしようということとなり、参加人数まで決めたのである。比木村においては、本来、小前百姓の中から人選すべきであったが、小前百姓には尻込みする者が多く、結局、百姓代など比較的余裕のあると思われる層の百姓が選ばれた。しかし、表向きは村役人ではまずいので、それぞれ変名を使用している。ほかの村でも同様の人選があったと考えられる。

十二月二十一日、吉田村小山（現・榛原郡吉田町片岡）を出発した小前百姓の代表たち四四名は、二十六日の夕方江戸に着き、小伝馬町三丁目の奥州屋武兵衛の営む旅籠《はたご》に入った。

一行はここを根拠にして一橋藩邸に願書を提出し、切添問題の解決にあたろうとした。ところが門訴の小前百姓たちの願いの筋を取り上げ、それを扱う役人の姓名は一橋藩勘定奉行中根長十郎であると示され、側用人行方六左衛門ではなかった。しかも話し合いの条件は夜間に一橋家の上屋敷で行い、人数は八人までと制限されてしまった。中根は四四人がいつまでも江戸に滞在すると経費がかかるので、江戸見物が終わったら八名以外は帰国せよと指示を出したので、一月十日に、三六人は帰村している。

　すると、少数になった代表たちに対する応対が高圧的になり、二十一日になると願書を取り下げるようにとの話になった。代表として残った八人としては、簡単には受け入れるわけにはいかないと粘った。何回も交渉が行われたが、「泣く子と地頭には勝てない」という言葉どおり、願い下げを承知したという文書を書かされて帰国することになった。きついお咎めはなかったが、文化三年の二月には後始末として新任の代官渋谷熊太郎から科料銭《とがりょうせん》を一人三貫文払わされた。このことが、一橋家にとって村人の信頼を失わせ将来に禍根《かこん》を残す結果となった。

蓑かぶり一揆発生

　文政四年（一八二一）五月十五日、新しい代官は馬場新兵衛になることが領内に通知された。

　馬場は一橋家の勘定所役人であり御蔵奉行として精励していたので、年貢米の品質の判断や価格の設定に長けていた。この通知の約一カ月後、馬場が遠州詰代官として着任し、領民への苛酷な要求をすることになる。郷村の引き渡しは六月十五日になされた。

十月に入って、新代官馬場新兵衛は、良質の年貢米を確保するための触書を村々に回した。この背景には、次のようなことがあった。

第一には、一橋領村々の年貢米の江戸での相場は三十五石について約三両も低い。この数字をもとに、遠州一橋領三万石の年貢米の損金を単純に計算すると、約九〇〇両となり、一橋家にとって良質の年貢米確保は極めて重大な問題であった。また、領内の村々は良質米かどうかを問題とせず、収量の多い品種を育てているので作徳《さくとく》★が多くは出るが、これを売却しても下値では意味がないので、良質米を栽培するように命じたのである。

第二には良質米を自家用に蓄え、年貢として上納する分は、劣悪な米を納める者がいると指摘し、改めさせている。

以上のように、代官馬場新兵衛の支配は、いかにして良質の年貢米を確保し、廻米の劣化を防ぐかが重大な課題になっており、その対策の一つが検見の強化であった。十月十一日の東堀之内村・与五郎新田村・青柳村を皮切りに同月二十四日まで厳しく実施された。

これに対して村々は例年にない不作を理由にして、米納よりも石代納《こくだいのう》★を願ったが、江戸表からの指令で石代金納は拒否されてしまったのである。こうした良質の年貢米確保のための検見強化、江戸廻米の強制は村々の反発をまねき、文政四年冬に年貢納入延期を求める初めての蓑かぶり一揆が発生する。そして、これが

▼作徳
作得とも書く。近世、田畑の収穫の中から年貢を納めた残り分。

▼石代納
年貢は米で上納するのが原則であるが、それを貨幣で金納すること。

功を奏し、年貢納入の延期が認められたのであった。

文政五年も前年に続く不作であった。出穂期《しゅっすいき》に二回も大風雨で塩害を受け、溜池が壊れ、田地は水を満々とたたえて波が立つありさまの村も出てしまう状況であった。榛原郡色尾村・南原村・与五郎新田村・青柳村の四カ村（現・島田市初倉）の名主は文政五年八月に、稲は黒ずみ、生育状況が悪いことを相良代官所に届けている。城東《きとう》郡新野村では遠州一橋領の山方・里方・浜方の様子ものべて年貢延納を再び願った。その後、披見廻村《ひけんかいそん》★があり、坪刈り・春法★が実施された。この春法では二度の大風雨による被害は小さく見積もられ、しかるべき収穫が見込まれた。

しかし実際に刈り取ってみると、当初の予定より大幅に少ない収量であった。いったん検見を受けた以上、その升目を基準に年貢納入することは当然であるが、年貢を決められた量納めれば百姓の作徳米は皆無となり、百姓の継続は困難となってしまう。今回は被害を軽微《けいび》に見積もり、百姓を続けることを全く無視した検見の結果であり、納得しがたいものであった。さらに、畑方については例年、大豆・小豆・藍・木綿等を作り、売却し、その代価をもって年貢を上納した。ところが、本年は畑方も無作で年貢皆済の手段が立たない。

以上のような困窮状態では、食物は極めて劣悪な砕けた米、くず米などで食いつなぐしかないので、再度、年貢上納の延期を願うしか手段がなかったのである。

▼披見廻村
村々の文書などと実際を、見て廻ること。

▼春法
一月から三月までにその年の収穫高を見立てる法。

波津陣屋《はづじんや》★では現状を打開するため、村役人に小前百姓の説得にあたらせることにした。これに対して、小前百姓らは文政五年十二月十七日の夜中を窺い、全員が蓑をかぶり陣屋に対して直訴をしようとした。またまた百姓一揆を起こしたのである。村役人らは途中で一揆勢を阻止しようとしたが、小前百姓らは解散を拒否し、十八日夕刻までにらみ合いの状態となった。この百姓一揆には色尾村・南原村・青柳村・与五郎新田村の四カ村を含めて三四カ村の小前百姓が参加したと考えられる。この結果、村役人一同は小前百姓を納得させるために、改めて年貢上納の延期と石代納の願書を陣屋に出して、小前百姓らを解散させた。

明けて文政六年二月九日と二十日に馬場新兵衛は自らの代官交代を廻達し、二月二十日には後任代官が小島蕉園であることを明らかにした。

一橋家は馬場新兵衛が代官支配にあたっていた遠州一橋領の状況をつぶさに掌握しており、馬場新兵衛では治めきれないと判断したのであろう。一方、三月四日に馬場新兵衛から木下徳太郎に郷村引き渡しがなされ、蓑かぶり一揆の処理は跡取締御用の木下徳太郎によってなされ、「蓑かぶり村★」には捕縛者が出たのである。そして、七月二日、百姓一揆参加の村々には科料を課し、不参加の村へは褒美が与えられた。蓑かぶり一揆を処理した木下徳太郎は七月四日、相良を離任し、以後は次で述べるように小島蕉園の篤き仁恕《じんじょ》・仁恵《じんけい》を体現した「名代官」による支配が進められることになる。

▼波津陣屋
一橋家は三万石分支配の頃は相良陣屋と呼んでいたが、後期田沼に一万石分配した後は同じ陣屋を波津陣屋と呼ぶことになった。

▼蓑かぶり村
一揆に参加した村のこと。

③ 名代官小島蕉園の着任

名代官として現在も語り継がれている小島蕉園が着任し、領民の信頼を得る。蕉園は文人でもあったので、遠州一橋領での日常を細かに記録する。蕉園の交流は広く、大蔵永常とも交友し、農学書『民家育草』に序文を書く。

名代官登場

一橋家では、領民から信頼されるような代官を登用しなければということで、新しい代官を任命した。かつて、田安家に仕え甲州田中村（現・山梨市）の代官として治績をあげた小島蕉園に白羽の矢を立て、一橋領（相良）七人目の代官としたのである。蕉園（雅号）は名を恭之、字《あざな》は公倫《きみのり》といい、通称を源一という。

明和八年（一七七一）、江戸四谷忍原横町に住み、田安家付きの旗本十七石三人扶持であった父源之助（狂歌で有名な唐衣橘洲《からごろもきっしゅう》★）の長男として生まれる。

寛政元年（一七八九）、十九歳の時、田安徳川家の勘定見習いとなり、のち右筆上座に進む。そして寛政十二年二月、昌平坂学問所において文章科の試験で優秀な成績を修めたので四月に白銀七枚を賞賜されている。なおこの試験は五年に一

小島蕉園画像
（牧之原市史料館蔵）

▼唐衣橘洲
一七四三～一八〇二。江戸後期の狂歌師、幕臣。小島氏。号は酔竹園。江戸の人。四方赤良（よものあから）、朱楽菅江（あけらかんこう）と共に狂歌中興の祖。作風は温雅軽快で天明調の先駆け。

これも相良

小島蕉園の父唐衣橘洲

小島蕉園の父は、狂歌作者唐衣橘洲として有名である。寛保三年十二月四日（一七四四年一月十八日）に生まれた。本名は小島恭従《たかつぐ》、のち、名を謙之《かねゆき》と改めている。通称は源之助。田安徳川家の家臣である。儒者内山椿軒のもとで、和学、漢学を修めた。号唐衣は『伊勢物語』の古歌「唐衣着つつ馴れにし妻しあればはるばる来ぬる旅をしぞ思ふ」に由来する。橘洲を中心とした狂歌連は「四谷連」といった。

明和六年（一七六九）に四谷の屋敷で初めて狂歌会を催した。その席には四方赤良《よものあから》（大田南畝）、大屋裏住《おおやのうらずみ》、平秩東作《へづつとうさく》らが集まった。翌明和七年には椿軒、宗固を判者として「明和十五番狂歌合」を催した。これ以後、多くの狂歌連が生まれ、狂歌が一つの社会現象として幕末に至るまで混乱と退廃の社会を描写していった。

天明七年（一七八七）に赤良が狂詠をやめたのちも、寛政二年（一七九〇）に『狂歌初心抄』を刊行するなど、江戸狂歌壇の長老の一人として晩年まで活動を続けた。

明和年間は、江戸開府からすでに約百五十年が経過し、重商政策で知られる田沼意次が実権を握らんとしていた頃である。遊里や芝居町が繁盛の一途を辿り、天下は太平の夢に酔い痴れていたが、その実、幕政は沈滞し財政は逼迫し、武士は生活費の嵩むわりに収入が増えず貧しい暮らしを余儀なくされ、農民もまた運上課役の負担に悩んでいた。勢い、人々のエネルギーはほかにはけ口を求めて遊興に走らざるを得ず、化政期（一八〇四～一八三〇）につながっていく末期的享楽的文化が始まっていた。こんな時期に現れた天明（調）狂歌に、風刺性や享楽性がみられるのは当然であろう。

年号は安く永しと替れども
諸色高直いまに明和九（落首）

狂歌集の出版は天明二年の『初笑不琢玉』が最初になる。これは、橘洲と赤良の序・跋を付けた小冊子である。天明三年に『狂歌若葉集』『萬載狂歌集』と相次いで本格的な狂歌集が出版された。この二歌集の出版を契機に、数多《あまた》の狂歌集が次々と刊行され、狂歌人口は急増、狂歌熱は最高潮に達する。

（『狂歌師細見』を参照）

回しか実施されていなかった。

　享和二年（一八〇二）十二月、亡父の家督を継ぎ、元高★は公儀より、足高《たしだか》★は田安家から貰うようになった。文化二年（一八〇五）七月六日、三十五歳の時に甲州田中村の代官を任命される。石高は八代と山梨の両郡を合計すると三万石であった。天明二年（一七八二）から寛政年間に三人の代官が交代しているが、この時の悪政が領民から反発を受けて田安家も困り果て、文人肌の小島蕉園を任命したのである。

　小島蕉園は温厚篤実であり、善政を布《し》いたので人望も高まり、神明とまで崇められたという。しかし、三十七歳という働き盛りであったが、病気になって三年で辞職したのである。田中村の代官を辞めた蕉園は最初は江戸で、代官を務めながら習得した徳本《とくほん》流の町医者となり、やがて川越に移り隠居した。

　日本で自由に町医者を開業できたのは、江戸時代以降であった。宮中や将軍、大名のお抱え医者は、月給（正しくは年給）で生活できたが、町医者はすべて患者からの医療費で生活したわけである。しかし、当時、医者への支払いは、大抵は盆・暮れにまとめてしたもので、その際、患者は自分の懐《ふところ》具合で、それぞれ相応な金や品物を持って行った。そんな常識を破った名医で、医療費を均一にした人が江戸時代に二人あったという。一人は、「甲斐の徳本《とくほん》」の名で知られる永田徳本であり、もう一人が、徳本の衣鉢を継いだ小島蕉園であった。

▼元高
世襲の家禄。
▼足高
江戸幕府の職俸制度の一つ。家禄の低い者が役高の高い役職に就いた場合、在職中に限りその差額を支給する制度。また、その支給される補足高。享保八年（一七二三）、八代将軍吉宗の時に財政再建・人材登用の目的で定められた。

永田徳本は、戦国時代から江戸時代初頭にかけての人であり、薬価を一帖（一服）一八文にして、貴賤貧富の区別なく治療した。ところが、これほどの名医でも、一八文均一の治療費では、生涯貧乏であったという。

蕉園も江戸に帰り町医者をしていた際、低額の決まった医療費しか取らないため、豊かでない生活をしていたことを田中の村民が聞き、感謝の気持ちとして一〇〇両を江戸へ持参したが、「鷹《たか》は死しても穂をつまず」の諺《ことわざ》から絶対に受け取らなかったという話が残っている、清廉潔白な人物である。そのため村民は、その金で田中村に小島蕉園を祀る神社を建てたという。

この話は、明治四十三年（一九一〇）に出版された文部省修身の教科書に「廉潔」のタイトルで掲載★された。

蕉園の隠居は文政二年（一八一九）、四十九歳の時で、家督を養子の修三に譲って、母のために川越に移り医業のかたわら文人として狂歌や詩作を続けていた。

ところが、前に述べたように遠州一橋領（相良）の鎮静に懇望され、文政六年二月十一日、相良の代官に任命されたのである。諸準備に追われたため、四月に波津の陣屋に赴任した。五十三歳の時であり、隠居した御家人が再び代官に起用されるのは、異例のことである。

▼「甲斐の風俗はあらあらしくして治め難しとの評ありしが、蕉園心を盡して治を講じ、ひたすら人民の為を図りしかば、居ること数年、人皆悦服して蕉園を見ること父母を仰ぐが如くなりき」（大正七年〔一九一八〕四月十五日発行『国定尋常小学校修身教科書』第二十四課「廉潔」より一部抜粋）

代官就任の挨拶

文政六年（一八二三）四月に相良の代官所に赴任した蕉園は、昨年冬の大騒動の一件は、一切を殿様の御仁慈という看板で、民をも傷つけず大事にも至らせず、木下徳太郎に片付けさせた。★

そして、六月十四日になって初めて代官となった披露をし、まず領内の村役人を呼び出して、諄々《じゅんじゅん》と説き諭した。その内容は、次のようなことで、その挨拶の端々に彼の温情がみてとれる。

「一橋家のこの御領地は、元来人気《じんき》★も非常によろしき所で、御上《おかみ》にお世話のかかる事も少なくて安心しておられたところ、近年は以前とは相違して穏やかで無く、その上凶作の年も交わって一同困るようになったから、厚く労《いた》わり育むようにと役人に言い渡されたけれども、とかく殿様の思《おぼ》し召し通りにいき兼ねたため、たびたび役人も引き替えたところ、去年の冬に至っては梢々《しょうじょう》騒ぎ立った村々もあるような次第で、甚だご心配に思し召され、今度殿様、格別の思し召しで不肖私をお撰びになり、将軍家へ申し立て御代官を仰せ付けられた。

私は四、五年このかた隠居していたが、この度召し出されたのは意外のことで、殊にこれまで隠居した者が二度お役を勤めたという例は、いまだかってもないか

▼木下徳太郎は一橋家の家臣であり、一揆の始末をつける「跡取締御用」として着任し、相良に五カ月間、滞在した。

▼人気
その地方一帯の気風のこと。

ら、私の身にとっては取り分け有り難いことである。かくなる上は、自分の一身は打ち忘れ、お役大切に骨身を粉に砕いても努力する心得で、御上と下々百姓との心持ちがよく疎通するように心がけ、殿様の有り難い思し召しもよく行なわれたり、人気も穏やかになり有り難く農業に精進し、貧しい者も立ち直り、風俗も厚くなり、ゆくゆくは御上も百姓も共に楽しむようにしたいと思っているから、取締役をはじめ、村々役人連もその心持ちをひきしめて共に精を出して、何か思うことがあったら遠慮なく申し出るがよい。去年の冬の騒動の一件の如きは御上の掟もあるのに、実にもってのほかの振る舞いであった。

しかしこれは御役人の取り扱い方に不行き届きのところもあった故《ゆえ》だと思し召されて、これから以後は厚く労わり育《はぐく》むようにと殿様から懇《ねんご》ろな仰せで、誠にお情け深い思し召しであるから一同も有り難く心得、この書付を写し取って村々に持ち帰り、下々百姓まで残らず読み聞かせるようにしてほしい」

というものであった。

殿様の御仁恵を真っ向に振りかざした言々真心から出る懇切なる言葉には、これまで長い年月の間、悪代官に苦しみぬき僻《ひが》み果てた村役人たちも、これが一橋家のお代官様かと、いたく感動したのであった。

年貢末納金の棒引き

蕉園が領主と領民との間に立って驚くべき腕のさえを示したのは、文政六年(一八二三)七、八月頃から年末にかけての「田沼領の一件」であった。すなわち、一橋領三万石のうち一万石の地を相良の元領主田沼氏に復し、代わりに摂津国(現在の大阪府北西部と兵庫県南東部)に替え地一万石を与えるという問題が起こった。この噂がうすうす伝わってきた領内の村々では、田沼領になるのを心配し、従前どおりにとしきりに嘆願したが、田沼領に移される村々は、男神・西山寺・海老江・平田・菅ヶ谷・西中・東中・堀内・園・徳・波津・須々木・落居・笠名・新庄・鬼女新田(現・牧之原市)、比木・朝比奈・新野(現・御前崎市)などが挙がったという。

蕉園はこの百姓嘆願の趣を江戸の役所へ申し出ると、殿様もその心を不憫に思って、田沼領になる村々のこれまでの上納金の中でまだ借りになっている二千余両を棒引きにし、なおその上に、凶年の用心に積み立てておいた数十両も返却することに決定した。蕉園は、あとに残った領分の民がこのことを聞いたらさぞ羨むことでしょうと申し上げ、殿様の許しを得て、こちらも三千余両の借用証文を焼き捨てて棒引きにし、合わせて五千余両の大金を百姓に下さることになった。

文政六年十二月二十八日、村々の役人を呼び出すと一同は何事かと恐る恐る陣屋へ集まって来た。一同を白洲に呼び出し、ことの一部始終を細かに話し聞かせて証文を焼き捨ててみせた。貧しい上に穀物も実らず、「秋の田の刈る稲は皆白穂なり。あまや小ぞう★を何で育てん」――泣くに泣かれず血を吐く思いの苦しさに途方に暮れていた一同は、思いもかけないこの処置に夢かと驚いて、うれし涙にくれたのだった。

「これは全くお情け深きお代官様の懇切なるお取り計らいで、この上なき仕合わせ」と、お礼を申し上げると、蕉園は「いやいやそれは大きな間違い。自分がいかように申し立てようとも御上に御慈しみの思し召しがなければ如何《いかん》ともならぬこと、私に礼を申すは畏れ多いことである。ただ御上の御仁恵を有り難く思いなさい」と懇ろに説き聞かせ、「一同、村々に立ち帰って老人から若い者にまで、このわけをよく話して聞かせるがよい」と、申し渡した。

人は木石ではない。三十年足らずの間に代官を七人も替えるほど人気が悪化して、実に治め難い所だと罵られていた一橋領の村々も、江戸にわがまま小路という地名まで残したわがまま殿様の心までも動かした、偉大なる蕉園の力によって、再び更生して上下心を一つにして助け合い、領民が家業に精励できる幸福な日が来たのであった。そしてこの陰には、木下徳太郎の協力もあった。

これより蕉園は、常に領内を巡視して、百姓を指導し殖産興業を奨励する、孝

▼あまや小ぞう
娘や息子のこと。

小島蕉園の墓（牧之原市大江）
背景の寺は善能寺（平田寺の隠居寺）

子節婦を表彰する、など愛撫治民に精魂を傾け、農業の改善などにも心を配ったので、領民は蕉園の徳をさらに慕うようになり、生業《なりわい》にも精を出し、今までのような難治村の影はどこにもみられなくなった。

　蕉園は、文政八年の暮れに病に臥した。癌で、食物が喉を通らなくなったという。翌年一月十九日、五十六歳で陣屋で逝去した。年老いた母を残して亡くなったのは何よりも心残りであったろう。葬儀に参列した者は数百人にのぼった。領民はその死を嘆き悲しみ、その徳に報いるためにお金を出し合って、蕉園の亡骸《なきがら》を平田不動山の中腹に手厚く葬り、立派な墓を建てた。その傍《かたわら》には一株の芭蕉が植えてある。これは生前に蕉園が芭蕉を愛していたからである。法名「慈考院一法蕉観居士」。平田寺に位牌が安置されている。

小島蕉園と「蕉園渉筆」

郷土カルタの「ヰ」には、「偉徳《ヰトク》ハ輝《カガ》ヤク小島蕉園《コジマショウエン》」があり、昭和初期の頃までは、蕉園の命日には小学校生徒全員がお墓参りをしていたという。

　蕉園の遺稿「蕉園渉筆」一巻は遠州奇談の副題のとおり、遠江全域の故事、民俗を知る好資料として注目されており、市内の竹内家に保存されている。

　小島蕉園が文政六年（一八二三）、遠州一橋領の代官として相良に入った年、駿

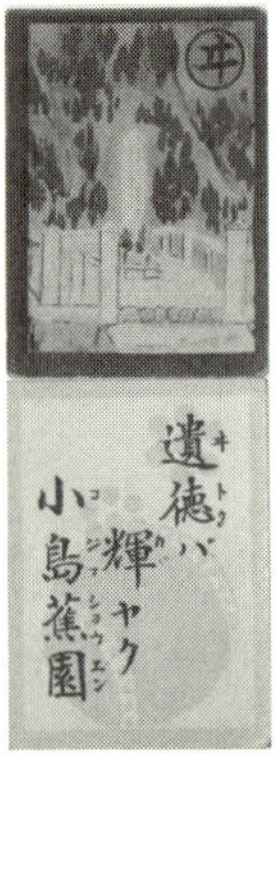

郷土カルタ（牧之原市史料館蔵）

府代官に登用された者に羽倉簡堂がいた。羽倉は駿府代官として天保二年（一八三一）までの前後八年間、その職にあったのであるが、駿府の名代官の一人として誉れの高い人であった。この羽倉と小島には文人代官としての共通点がみられる。

文政八年は蕉園が遠州に代官として入部以来、三年目にあたる。その間に見たり聞いたりしたことを、すべて筆に任せて書き続けたところ、いつの間にか冊子になるほど溜まってしまった。これを仕事の合間をみて浄書し、後日の語り草に残しておく、というのが、「蕉園渉筆」の述作の事情であった。そうして成立したのは「乙酉」というから、文政八年八月二十八日であったことになる。

このような内容を盛り込んだ「蕉園渉筆」は、代官小島蕉園がその支配のつれづれに書きためたというものではなく、蕉園が支配、換言すれば民政にあたって、どうしたら領民の琴線に触れる支配ができるのか、そのためには土地柄と、そこに住む人々の生活課題というものを事細かく知る必要があると考え、それに関わって知り得た各種の情報を事細かく書き留めたものであった。

その一節には、今は跡形もなくなっている桜山★の話が次のようにあるので紹介する。

「ことし乙酉（文政八年）の二月のこと、川崎後山の領民の一人が、花どきより先に桜三五本植えたる者ありたるにはじまりて、十数日の間に期せずして遠近

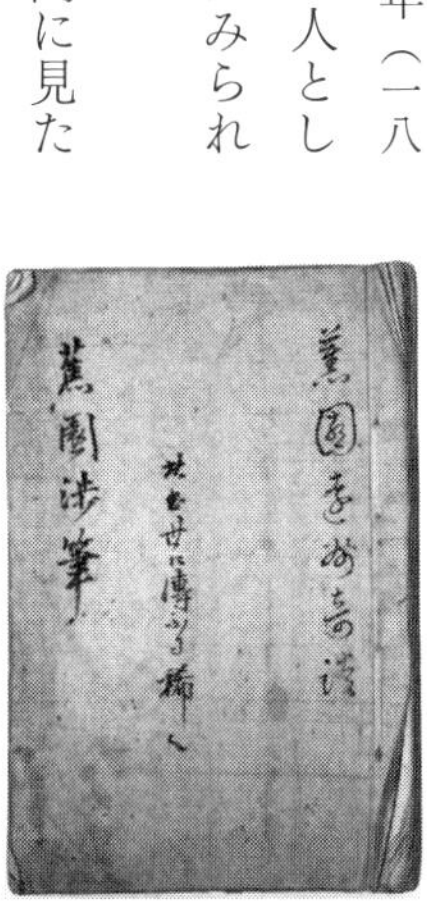

「蕉園渉筆」写本（竹内勇家蔵／写真提供：牧之原市史料館）

▼桜山
現在の秋葉山か。鎌倉期より桜の名所とされ、勝間田長清も麓に別荘をもち、冷泉為相を招き和歌を詠んでいる。

の者数百人集まり植えて、谷といわず尾根といわず桜凡そ千六七百株、桃凡そ百余株の多きに及べり。三月に至れば尽く花さく。余も往きて之を見るに遠くより眺むればさながら雲となり霞となり、梢の花はいよいよあでやかに香りますます潔し、花の間よりは大海をへだてて伊豆の諸山、青きことあたかも染むるが如く、駿河の富士の嶺は万古の雪を頂きてそびえ花と相うつろい、白帆の影の壮観は実に言うべからず」

民情を知り、風流を解した蕉園を偲べるのではないだろうか。

小島蕉園と大蔵永常との交友

大蔵永常《おおくらながつね》は、明和五年（一七六八）に豊後国日田《ひた》（大分県）に生まれ、少年時代に天明の大飢饉の惨状を目撃した体験から、生涯を農事開発の仕事に捧げている。若くして郷里を離れ、以来、各地を放浪しながら、農業に関する見聞を広めた。のち、大坂と江戸に居住して多数の農業書を著し、全国の農民を啓蒙《けいもう》しようとした。

天保五年（一八三四）、当時六十七歳の永常は、田原藩江戸詰家老渡辺崋山★の推挙によって、国元の殖産取り立てのため産物掛として召し抱えられ、六人扶持を支給された。永常は通称を徳兵衛といったが、田原在住時代は日田喜太夫と称し、

▼渡辺崋山
一七九三～一八四一。三河国田原藩の江戸家老。幕末の文人画家で洋学者。幕府の攘夷策を批判した『慎機論』を書き、蛮社の獄に連座。田原蟄居中に自刃。

池ノ原の産物屋敷に居住した。永常は田原在勤中に『門田の栄』という工芸作物の栽培加工の方法などを説いた著書を出版して、領内の農民に頒布《はんぷ》した。同書の挿絵は崋山が執筆した。甘藷《かんしょ》・櫨《はぜ》・椿の植栽と製糖・製油の技術を指導すると共に、鯨油《げいゆ》を使用してウンカ・イナゴなどの害虫を駆除する方法を教えた。

また、農家の現金収入増加の方策として、琉球藺《い》を栽培して畳表を製造させたり、土《ど》焼きの伏見人形を製造させたりした。永常の農学の特色は、工芸作物を重視して「儲かる農業」を主張した点にある。天保十年に崋山が蛮社の獄で処罰されてから、永常は田原に居づらくなり、翌年二月に田原在住五カ年余の生活と別れを告げ、病気の妻と娘を連れて岡崎へ向かった。

そこで二年余りを過ごした後、崋山を処罰した最高司直の水野忠邦の領地である浜松藩に興産方として出仕したが、二年ほどで解雇された。その後、再び江戸へ出たが、以後の永常の足跡の詳細は不明である。

小島蕉園はこの大蔵永常と親しかった。それは、文政八年（一八二五）六月に永常が波津の官舎を訪問していることから推定でき、永常の著書『民家育草』に蕉園が序文を書いていることからも知れる。

当時は春になると相良の海岸では蛤《はまぐり》が採れたが、蛤の稚貝《ちがい》を俵に詰めて海岸に蒔いたのは蕉園のやったことであるという話が伝わっている。確証はないが、大蔵との交友を通じて得た知識であったのかもしれない。

大蔵永常（渡辺崋山筆）

④ 異国船の漂着への対処

「異国船打払令」の出た翌年一月に、異国船が漂着する。代官小島蕉園は、病の身でありながら、全力で対処にあたった。浜固めを行った諸藩の様相は、手毬唄となって歌われることとなる。

住吉村の沖に現れた異国船

異国船打払令《いこくせんうちはらいれい》は、外国船が食糧、水、薪《まき》を求めてしばしば来訪、上陸や暴行事件を起こし、特にフェートン号事件★が発生したことに対し、江戸幕府が文政八年（一八二五）二月に発した外国船追放令である。無二念打払令《むにねんうちはらいれい》、外国船打払令ともいう。日本の沿岸に接近する外国船は、見つけ次第に砲撃し、追い返し、上陸した外国人については捕縛《ほばく》を命じている。

しかし、日本人漂流漁民音吉たちを送り届けてきたアメリカ合衆国商船モリソン号を、イギリスの軍艦と誤認して砲撃したモリソン号事件は、日本人にも批判された。また、アヘン戦争★での大国清の惨敗の情報により、幕府は西洋の軍事力の強大さを認識し、天保十三年（一八四二）には異国船打払令を停止し、遭難し

▼**フェートン号事件**
文化五年（一八〇八）八月、鎖国体制下の長崎港で起きたイギリス軍艦侵入事件。フランスと同盟関係にあったオランダ船を追ってきたことが原因。長崎奉行松平康英が引責自刃。ヨーロッパにおけるナポレオン戦争の余波が極東の日本にまでおよんだものである。

▼**アヘン戦争**
清とイギリスとの間で一八四〇年から二年間にわたって行われた戦争。

た船に限り水、食糧、薪《まき》の補給を認める、という薪水《しんすい》給与令を出して、異国船に対する方針を大幅に変更した。

文政九年元旦、唐船が住吉村沖に漂着した際、小島蕉園のとった臨機応変の措置が乗員一一六名の命を救った話は、彼の人となりを表わしている。

駿州田中藩の儒者熊沢惟興《これおき》は、遠州住吉浜に異国船が現れたというので、異国船に備えて浜固め（海岸警備）をするために、領地の惣左衛門村の浜（大井川の左岸）に出動したことを記録した「浜固出役日記」（熊沢文書）を書いている。異国船が遠州一橋領の住吉村の沖に現れたので、田中藩でもそれに備えるため浜固めの人数を動員し、領地の惣左衛門村に派遣したのであった。この時、田中藩藩儒熊沢惟興が筆談係として参加を命じられた。

ところで、当時幕府が諸大名に指示していた海防計画、とりわけ海岸の警備は、海岸線に分布する、それらの村を領有する領主の責任となっていた。したがって、住吉村は一橋領であり、その村の沖合に異国船が出現したのであるから、異国船に対する警備の責任は一橋代官所にあった。

当時、一橋領の代官は小島蕉園で、蕉園の没する直前の出来事であったが、一橋領の波津陣屋では、それにどう対処したのだろうか。

小島蕉園の対応

異国船の出現を最初に知ったのは、川崎湊の嘉右衛門という者である。嘉右衛門は元旦の明け方に、沖のほうで銅鑼《どら》のような音が聞こえたので、海岸へ出てみると、辺り一面は霧に包まれて、よくは分からないが見慣れない船が見えた。彼はその足でただちに代官所へ知らせた。それを聞いた蕉園は、手代の百井貞助ら三人に指示を出し報告させると、中国船が遭難して救助を求めているとのことであった。そこで蕉園は手紙を書き、船まで持たせた。この船は寧波船という商船であり、船主の楊啓堂以下乗組員一一六名が昨年の十一月に中国から長崎へ向かう途中に嵐に遭い、漂着したのである。もちろん貿易のためであるが、盛岡藩領（現・岩手県）の漂流民を三人連れていた。波が強くて危険なので、小船で静かな湊へ誘導してほしいとのこと。食物と飲み水が不足しているので分けてもらいたい、との頼みがあった。

蕉園は「これは非常の事態である。江戸へ届けていちいち指図を待っている時ではない。自分の責任で助けてやろう」と考えた。

自分は病身なので中泉★代官竹垣直清に代理を依頼し、中泉の手代三人と百井貞助の四人を連れて現地に赴いたのは一月七日であった。蕉園は船が危険な状態な

▼中泉
磐田にあった遠江の代官所。

異国船
（個人蔵／『榛原町史』より）

ので上陸させようと考えたが、打払令のこともあり、あきらめざるを得なかった。そうした中、早飛脚を立てて一橋家へ伺いも出している。十三日に中泉の受け持ちになり、十八日には清水湊へ避難させて駿府代官羽倉簡堂に引き渡した。蕉園はこの翌日の十九日に没したが、手際よく処理したということで、三月十四日、一橋家から白銀一〇枚を下賜されている。

このように大事な時に蕉園は病気であり、また、当面の異国船に対処する方法は、陣屋のメンバーだけでは不足していたので、周辺の大名たちに警備を協力してもらうしか方法はなかった。中泉代官所および掛川・横須賀両藩に警備への出動を求めると、順次住吉浜付近に出陣して警備にあたってくれたし、相良に再入封した田沼氏も応分の兵を出して警備にあたってくれた。

異国船に対する諸大名の配置は、船に最も近い所を一橋家の陣屋が占め、それから東に相良藩・掛川藩と並び、西に横須賀藩の浜固めの陣が展開していた。

こうした浜固めの様相は、その後、この地の子どもの手毬唄《てまりうた》に

一つとせ　戌の正月戌の年　唐人船が
　住吉へ　さあ住吉へ★
二つとせ　ふざんかいどの湊から　風に吹かれて
　流れきた　さあ流れきた
三つとせ　三とこ四とこの陣屋より　行列そろえて

▼住吉
現・榛原郡吉田町住吉。

　磯ばたへ　さあ磯ばたへ
四つとせ　鎧かぶとで大名が　住吉浜へと
　陣を張る　さあ陣を張る
五つとせ　いくら唐人りきんでも　日本国には
　かなやせぬ　かなやせぬ
六つとせ　無理な船だよあの船は　弓や鉄砲で
　かざりわけ　さあかざりわけ
七つとせ　難儀な船だと云いながら　世間の気癪《きじゃく》★で
　気をはらす　さあ気をはらす
八つとせ　屋敷屋敷の御用持ち　追々御馬で
　城《じょう》の越《こ》し★　さあ城の越し
九つとせ　こよいはここで友死んで　明日は腹切る
　田中様　さあ田中様
十とせ　途方に暮れて唐人も　西も東も
　白浪だ　さあ白浪だ
と歌われていたという。九番目の田中様とは、田中藩（現・藤枝市）の殿様のことであろう。

▼気癪
心配や驚きのあまり癪を起こすこと。

▼城の越し
城の腰のことで、現在も焼津市内の大字名として残る。

これも相良

日本で二人目の鳥人 川田市蔵

西山寺

遠江国榛原郡松本村（現・牧之原市）に幕末時、空への飛翔を試みた発明家川田市蔵がいた。

市蔵は文政七年（一八二四）十一月二十四日、松本村の百姓川田善兵衛の長男として生まれ、幼名は市太郎といった。

松本村の川田家は、田沼意次の城下町相良より二六町余。家数五六軒、村高は二百三十石、相良谷通り二一カ村中の一村である。田沼意次の相良藩、および文政以後の後期田沼氏の相良藩領であった。

彼は八、九歳の頃から鳥類を捕えることに夢中になり、弟の滝十に手伝わせたりもした。雀をはじめ、いろいろな鳥の観察に余念がなかった。その目的は鳥の体重と翼の比例を調べ、それを基に自分の体重に比例した翼をつくる作業にあった。

鳶のように大空高く飛び回る夢で、市太郎少年の胸はいっぱいに膨らむ毎日であった。そして、いよいよ滑空実験の段階を迎えた。それは、なるべく高い所から大地をけって羽ばたくという構想で、ある日、市太郎はこの翼を両腕に取り付け、近くの女神帝釈山（石灰山《いしばいやま》）の山頂（標高八七メートル）から、大きく羽ばたくと同時に飛び立った。つまり羽ばたき式グライダーの原理であった。しかし、上昇風に乗れなかったのか、案に相違して彼は墜落し大怪我をしてしまった。市太郎十八、九歳頃のこと、天保末年（一八四三）の時期であったようだ。

これを見ていた西山寺《さいさんじ》（川田家の菩提寺）の住職は、帝釈山は寺の境内ではあるし、檀家の一人が、このような奇怪なものを発明すれば、のちに必ず謀反でも起こすようなことにもなりかねない、と器械を解体して翼を取り上げ寺の蔵に隠してしまった。

岡野向こう側の真ん中が削られているのが牧之原市松本から見た石灰山

嘉永五年（一八五二）西山寺は火災にあって、市蔵の作った翼なども焼失してしまった。この年、市蔵は二十九歳だから飛翔の時期はそれ以前だったことになる。

明治三十年（一八九七）八月八日、七十四歳で没した。川田市蔵は飛行に成功したとはいえないが、日本で二番目に空を翔んだ人とみて差し支えあるまい。

末裔の川田嘉一氏（敏彦氏父君）方に、飛行機などの設計図が残っていたが、戦時中（昭和十八年頃）、海軍省が参考資料にと言って持って行ったとのこと。

これも相良

この人も相良人①
茶業の発展に尽くした人々

牧之原市の主産業である茶の製法等に尽くした人に、嘉永五年（一八五二）、大江に生まれた**戸塚豊蔵**《とつかとよぞう》がいる。戸塚は、「誘《ゆう》進流《しんりゅう》」手揉み技術を開発し、榛原郡茶業組合の検査員・技術員となり、九州・四国・茨城県まで行き技術指導をした。

戸塚豊蔵
（『榛原郡茶業誌』より）

また、嘉永六年に相良に生まれ、大江で育った**今村茂兵衛**《いまむらもへえ》は高度な手揉み技術を川根地方に普及させ、川根茶の品質向上に努め、良質なお茶をアメリカに輸出したため、大江の平田寺にアメリカの会社からの感謝状が英文の碑文として遺されている。

今村茂兵衛への英文感謝状石碑
（牧之原市大江・平田寺蔵／写真提供：牧之原市史料館）

田村宇之吉《たむらうのきち》は安政二年（一八五五）、細江（旧・榛原町）に生まれ、焙炉《ほいろ》を改良して「回転揉み」を開発、効率が良く品質も高いので各地の茶工場に普及した。

橋山倉吉《はしやまくらきち》も明治二年（一八六九）に細江で生まれ、手揉みの「転繰法《でんぐりほう》」を開発し、「倉開流《そうかいりゅう》」として榛原・志太・小笠郡下一二〇〇人以上にこの方法を指導した。

橋山倉吉
（『榛原郡茶業誌』より）

原崎源作《はらざきげんさく》は安政五年、地頭方村に生まれ、明治二十一年、日本茶の輸出会社「富士商会」を設立、サンフランシスコ支店も開設し、渡米視察をしている。また、苛酷な茶再製過程を機械化すべく茶再製機械を考案し、明治三十二年、特許を取得した。明治四十二年には静岡県再製茶組合が創設され常務委員となり、これにより横浜からのアメリカ輸出が清水港から可能となった。荒茶機械の間接熱風火炉も開発し、以後、静岡盲聾学校を設立、静岡県茶業組合会議所会頭も務めた。

このほかにも明治生まれの**飯田栄太郎**、**今村徳太郎**らが出た。

これも相良

松本順の推奨した相良海水浴場

「さがらサンビーチ」の愛称で親しまれている相良海岸

蘭方医であり幕府御典医の松本順（明治以前は良順）は、戊辰戦争の際は会津まで出向いたが箱館には行かず江戸に潜伏、やがて早稲田に日本初の総合病院を開設したが、明治六年（一八七三）、明治政府に請われ初代の陸軍軍医総監を務めた。晩年は神奈川県大磯に住み、大磯海水浴場を推奨し、東京に比較的近いところから日本人の海水浴の嚆矢となった。

明治二十二年に相良に来て、相良海岸の風光明媚（富士山・伊豆半島・御前崎を望む景観、遠浅で波穏やかな白砂青松の海岸）を愛で、「これぞ海水浴場の好適地」との折り紙をつけた。

蘭方では、海水浴は健康維持のための方策で、海に浸かり白砂に寝て紫外線を受けることが肝要であったが、これは西洋の短い夏に対応するもので、現在では医学的に皮膚ガンの心配がなされるようになった。

相良海岸の草競馬

現在、相良海岸は、さがらサンビーチとの愛称で呼ばれ、五月の連休中には海岸で草競馬、宝探しなどが行われている。

また、牧之原市静波海岸と並んで、遠浅の海岸は海水浴客で賑わう。近年、海岸線が痩せてきて、波打ち際が近くなっている。

ちなみに、御前崎から大井川河口の吉田までの海岸をその形から釘ヶ浦と呼び、この海の海中林が磯焼けになっているが、原因の一つが御前崎港建設とされる。

これも相良

この人も相良人② 郷土に力を注いだ人々

郷土の治水・用水を整えた人

「本間用水」の名で牧之原市の文化財に指定されている用水は、坂部村の**本間賢三**《ほんまけんぞう》、細江村の**加藤孫左衛門**《かとうまござえもん》・**西谷傳蔵**《にしたにでんぞう》が私財を投げ打って難工事をした末、明治九年（一八七六）に完成したもの。大井川の水を吉田の青柳村から三〇〇メートルもの隧道《ずいどう》を掘って坂部・細江へ引く計画であったが、漏水等により細江村には供給できず、加藤・西谷家は没落した。

このほか、私財を投じて灌漑用溜池「丸顔の池」を造った**原木源太郎**《はらきげんたろう》・養嗣子**源平**《げんぺい》・孫**和三郎**《わさぶろう》らがいる。

文化・芸術・教育などに貢献した人

平井顕斎《ひらいけんさい》は、享和二年（一八〇二）、細江の青池村に生まれ、谷文晁・渡辺崋山に画を学び、山水画を得意とし、**大草水雲**《おおくさすいうん》ら多くの弟子を養成した。細江の円成寺にある平井顕斎筆の「十六羅漢図」は県指定文化財である。

長野少風《ながのしょうふう》は、安永七年（一七七八）、福岡に生まれ、俳諧の宗匠として遠州各地の連歌会を指導した。

寺尾国平《てらおくにへい》は、慶応三年（一八六七）、田沼侯の侍医寺尾杏斎の二男として生まれ、東京・ドイツで医学を学んだ。北里柴三郎とは無二の親友であり、『内科類症鑑別』『和独羅対病名字典』などの著書がある。

河村多賀造《かわむらたがぞう》は、安政五年（一八五八）、東海道金谷宿本陣「柏屋」に生まれた。小学校校長を歴任し、榛原郡視学となり、明治三十二年（一八九九）から二十年間、相良小学校校長を務めた。この間、大江分校創設、榛原郡教育委員会会長就任、校舎の大改築等を行う。『相良町誌』『金谷町誌』稿本を残し、静岡県史編纂委員を務め、『静岡県土木史』を執筆した。

河村多賀造
（相良小学校蔵）

香川芦角《かがわろかく》は、享和三年（一八〇三）、須々木村に生まれ、横須賀藩校修道館で漢学を、佐倉真邦から国学・和歌を学び真種と名乗り、俳諧は相良の俳人長野少風から習い、芦角を俳号とした。明治の中頃まで寺子屋を開き、この地で活躍する後進たちの指導をした。

川田儀六《かわだぎろく》は、天保十一年（一八四〇）、松本村岩渕（現・牧之原市松本）に生まれ、江戸に出て北辰一刀流を学び、書道を釋蘇民に、弓術を川田菅守・赤堀五藤次（竹林派）に学び、地方議員等を務めながら弓術に励み、相良講武館弓術教授・大日本弓術会員となり、多くの門人を育てた。

七十歳で隠居後は、郷土史研究の先駆者として冊子「一幡神社御由来記」「西山寺略由緒」「弓道御神号」「楢の下葉」など、約三〇冊を残した。

第四章 後期田沼氏の時代から維新まで

疲弊した藩財政の中、天狗党追討軍の総督として奮戦する。

1

下村藩を立藩

城が破却された田沼氏の転封した場所は、東北の寒村下村であった。
田沼意次の嫡孫意明が下村藩初代藩主、意次の四男意正が最後の下村藩主となる。
田沼氏の実績が幕府から認められ、再度、相良藩主として転封される。

田沼氏転封以前の下村陣屋

下村藩の成立以前の陸奥国信夫郡下村（現・福島市佐倉下）は、享保十四年（一七二九）の信達《しんだつ》農民一揆が鎮圧された後に二本松藩の預かり地となり、その後、幕府領に変更されて幕府代官の支配するところとなっていた。

延享三年（一七四六）十月十六日、戸田忠盈《ただみつ》は父忠余《ただみ》の遺領を拝領して宇都宮藩主となり、同年二十二日、能登守に叙任され、この時、下村など上鳥渡新田《かみとりわたしんでん》を含めて一二カ村が宇都宮藩領となっている。この年の十二月、宇都宮藩は分領支配の要とするために、下村の川下という場所に新しく陣屋を建てることを計画した。そしてその普請のすべては、支配一二カ村の村請《むらうけ》★とすることを命じた。下村の村役人は名主が権右衛門であり、組頭は金之助、百姓代は利左衛門であった。

▼村請
村役人を通じて、年貢や諸役を一村全体の責任で納めさせる制度。

しかし、寛延二年（一七四九）七月に至り、戸田忠盈は肥前国島原に所替えを命じられ、代わって松平忠祇《ただまさ》★が肥前国島原から下野国宇都宮藩主となった。

宝暦十二年（一七六二）九月、松平忠祇に代わり松平忠恕《ただひろ》が封を継いだが、明和元年（一七六四）閏十二月九日、幕命により再び下総国佐倉藩主堀田氏の領地と村替えが行われた。つまり堀田氏の所領であった下野国塩谷郡のうち三六カ村、河内郡一一カ村が松平氏に引き継がれ、松平氏の領地である出羽国村山郡のうち一〇カ村、および陸奥国信夫郡一二カ村が堀田氏と村替えになったのである。

これによって、宇都宮藩主戸田・松平両氏による下村陣屋支配の時代は終わりをつげ、代わって佐倉藩主堀田氏による支配が安永三年（一七七四）まで続いた。

下村陣屋の支配下に置かれた村々の周辺には、信夫郡前田村など九カ村があり、宝暦五年（一七五五）から明和五年（一七六八）にかけては、下村陣屋支配下周辺の大半が会津藩の預かり地となった。

このように、下村陣屋の支配下に置かれた村々をはじめとして信夫郡・伊達郡の村々は、ある時は幕府の代官領として、またある時は大名の飛地《とびち》や預かり地となるなど、目まぐるしく交替した。

しかしながら、これらの大名たちが下村陣屋の支配をした戸田・松平・堀田の諸氏、あるいは前田村に陣屋を構えた久世氏など、いずれも幕閣に参与するような譜代大名であったことは注目に値することである。

▼松平忠祇
深津松平家。

田沼下村藩の成立

天明七年（一七八七）十月二日、田沼意次は蟄居《ちっきょ》を命じられたので、意知の子で意次の孫にあたる意明《おきあき》★が家督を仰せつけられた。そして陸奥国信夫郡下村、および越後国頸城《くびき》郡内（現・新潟県糸魚川市）を合わせて一万石が与えられて下村藩が立藩された。

天明八年九月には幕命で川欠《かわかけ》★普請《ふしん》用途金として六万両を上納している。ところが、意明は結婚してわずか十カ月後の寛政八年（一七九六）九月に、大坂城守衛をしていた大坂で亡くなった。

同年十一月、その跡を継いだ弟の意壱《おきかず》も、結婚した翌年の寛政十二年九月に二十一歳で亡くなった。

次に末弟の意信《おきのぶ》が跡を継いで嫁を迎えたが、享和三年（一八〇三）八月にその嫁は亡くなり、その一カ月後には意信も二十二歳で亡くなるという悲劇が続く。

こうして意知の三人の子はついに絶えてしまい、次に意次の弟意誠の孫意定《おきさだ》が同年十一月に跡を継ぐが、九カ月後の文化元年（一八〇四）七月に亡くなった。

わずか十八年間に四人の若者たちが続いて変死してしまったので、意次の四男忠徳《ただのり》が五人目の下村藩主となった。意定に跡継ぎがなかったので、幕府の許可を

▼
藩主田沼意明の居住地は、在府ではなく、下村であったという説もある。

▼川欠
河川の洪水などにより田畑が流出すること。土砂が流入することは「砂入り」と言った。

得て意定の養子となり、田沼姓に復し、意正《おきまさ》と改名したのである。

その年、江戸に木挽町屋敷を拝領し、下村藩一万石の藩主となった意正は、田沼の家名挽回はこの時とばかりに精勤したので、次第に重く用いられるようになる。大納言に初お目見得《めみえ》し、玄蕃頭に叙任され、その後に大番頭《おおばんがしら》となっている。

「田沼氏系譜」をみると、意正は大坂城大番頭として何回も往き来している。

これも相良

田沼家の後継者の不審死と悲劇

天明四年（一七八四）、田沼意知（おきとも）は佐野善左衛門に斬りつけられた傷がもとで死に、天明七年、田沼意次失脚後は、孫の意明（おきあき）が減封の上、転封の形で奥州下村藩一万石を継承したものの、寛政八年（一七九六）、大坂で客死、次弟意壱（おきかず）も四年後の寛政十二年に死亡、享和三年（一八〇三）、末弟意信（おきのぶ）も死去しており、いずれも家督相続し結婚直後に亡くなっている。

このため意知の遺児は絶え、意次の弟意誠（おきのぶ）の孫の意定（おきさだ）を養子として下村藩を継がせたが、文化元年（一八〇四）に相続後わずか九カ月で亡くなった。

この跡を意次の子の意正（おきまさ）が継ぎ、文政六年（一八二三）七月、相良藩に帰封され、意留・意尊と三代の後期田沼時代となる。

長男意知をはじめ、下村藩を継承し結婚した直後、四人の孫や養子が相次いで不可解な若死にしているが、ほかに例はあるのか、何らかの作為はなかったのか――荻原重秀の子孫も不可解な死に方をしているという。

また、後期相良藩の最後の藩主田沼意尊は、幕府に水戸の天狗党追討総督を命じられたものの、幕府からは資金提供はされず、領民から六〇〇〇両を調達して出動し幕府に忠節を尽くして越前まで困難な追撃をし、さらに、追討費用の返済ができないことに責任を感じた家老の切腹事件まで起きているにも関わらず、吉村昭著『天狗争乱』をはじめ、ほかの小説などでも、天狗党の立場からの記述はあっても田沼家の苦衷に触れたものはほとんどない。

文政二年（一八一九）に西の丸の若年寄となり、大名小路屋敷四三二三坪を拝領した。六十八歳の時、本城に移り本丸の若年寄に昇進している。

楠木半七郎《くすのきはんしちろう》は下村藩の家老である。在所は遠江国榛原郡相良陣屋。田沼意正の時、家老を任される。水野左内為長（松平定信の家臣）が書いた寛政元年の「雑記」に、田沼意明が陸奥、越後で一万石に封ぜられた際、「五十石物頭、楠木半七郎」の名が見える。文政六年に再び相良藩が立藩され、藩主意正の帰封時からその嫡男半七郎が家老職となった。

天保四年（一八三三）七月に相良沖で海難事故が起きた。相良湊所属の武七船は十一日朝四つ時（十時）、相良湊沖合で清水行きの米一〇〇俵と水油三五樽を積み込み、同日八つ時（午後二時）過ぎに出航しようとしたところ、「にわかにアカ★の道出来《しゅったい》」して間もなく浸水《しんすい》して、船中大騒ぎとなる。元船は横倒しとなったが、相良藩では家老の半七郎の指揮のもとに諸荷物の陸揚げを精力的に行い、損害を最小限に食い止めた。

▼アカ
水の忌言葉（いみことば）。船にたまった水。ふなゆ。

寛政期が綴られた『よしの草子』

天明六年（一七八六）九月八日、十代将軍徳川家治が死去し、いわゆる田沼時代は幕を閉じた。翌七年五月の江戸打ち毀《こわ》しの直後、六月に老中首座に任じられた松平定信は、田沼時代に緩んだ武家政権としての正統性を明確にし、武家の権威を復活させることを改革の理念の一つとした。それが、寛政の改革における文武奨励に繋《つな》がっていく。当然、無礼な行列の取り締まりも強化された。

天明八年二月、幕府は人宿《ひとやど》★・素人宿の取り締まりを厳命し、供回りの無礼な行為と異様な風体、江戸抱えの陸尺《ろくしゃく》★が知行所から抱えた陸尺を妨害すること、武家屋敷の中間《ちゅうげん》部屋などに部屋子★を置くこと、供先で鎗を投げ上げることを禁止した。ついで三月、松平定信が将軍補佐に就任した直後に、町奉行所は組合人宿に対し、諸家の徒士《かち》・足軽・中間・陸尺が不埒な行為を繰り返し、とりわけ、江戸抱えの奉公人が知行所から召し抱えられた奉公人に口論などを仕掛けて行列を妨害していると注意し、臨時の奉公人のうち、罪の軽い者はそれぞれの主人が処罰し、重罪の者は主人から町奉行所に差し出すことになったと告知した。

松平定信の側近であった水野為長は、国学者萩原宗固《はぎわらそうこ》の二男で、御三卿田安家の家臣水野家に養子として入り、幼少の定信に仕えて、定信が松平家を継いで以後も側に仕えた人物である。水野は、寛政改革期に江戸城中や市中の噂を収集し、主君定信の閲覧に供した。その写本『よしの草子』は、寛政期の政治や社会を知るのに不可欠な史料であるが、ここには大名・幕臣やその奉公人たちの姿も赤裸々に著されている。

▼人宿
就職斡旋業をする場所。

▼陸尺
「六尺」とも。駕籠かき。武家の雑役奉公人や台所で使う人足を指すこともある。

▼部屋子
武家屋敷の奉公人の部屋に寄食している者。居候（いそうろう）。

②田沼氏の相良への再入封

田沼意次の四男意正が相良に再立藩する。
相良藩最後の藩主田沼意尊は、天狗党の鎮圧を命じられる。
維新後に田沼家は、上総の小久保に転封となる。

相良藩二度目の初代藩主田沼意正

後期相良藩最初の藩主田沼意正は、幼名を田代金弥忠徳といい、意次の四男として、宝暦四年（一七五四）に江戸小川町の屋敷に生まれている。

忠徳を名乗っていた頃、沼津藩主水野忠友の養子となり、忠友の娘と結婚し、安永四年（一七七五）に従五位下、中務少輔に叙任されている。しかし天明六年（一七八六）、父意次が老中を免職となると、忠友のもとから意次のもとへ戻され、忠徳は母方の姓である田代を名乗り、実家に戻った。意次の政治生命は将軍家治の死によって終わりを迎えるが、家治死去の公表に先だって、水野忠友は養子忠徳を離縁して、田沼家へ帰したのである。

忠友はこのことを他家に披露すると、これをきっかけに横須賀藩主西尾忠移《ただゆき》らは、いずれも田沼家係累と離縁し、それにならった井伊直幸以下その数は、大名・旗本五三人におよんだといわれている。

文政六年（一八二三）七月八日に下村藩より念願の地相良一万石に転封となった。若年寄の功により加増の話が出た際に、意正はそれよりも旧領地の相良に帰りたいと申し出て認められた。意次の失脚後三十六年ぶりに田沼氏の相良藩が再度立藩されたことになる。

当時の相良地方は一橋治済領三万石であったが、このうち三〇カ村一万石が意正に渡り、一橋家は替え地を摂州に渡された。田沼氏の陣屋は市場町で相良陣屋といい、一橋領のほうは波津陣屋といった。

その後、意正は文政八年四月に側用人となり、同年十二月に従四位下に昇った。天保七年（一八三六）に意留《おきとめ》に家督を譲り、この年の八月に八十三歳で逝去している。下村藩主五名の中で、彼のみがまっとうな人生を過ごしたといえるだろう。法名は「麟徳院祥山紹禎居士」といい、江戸駒込勝林寺に葬られた。意正の直筆の「甲子大黒天」の書一幅だけが残っている。

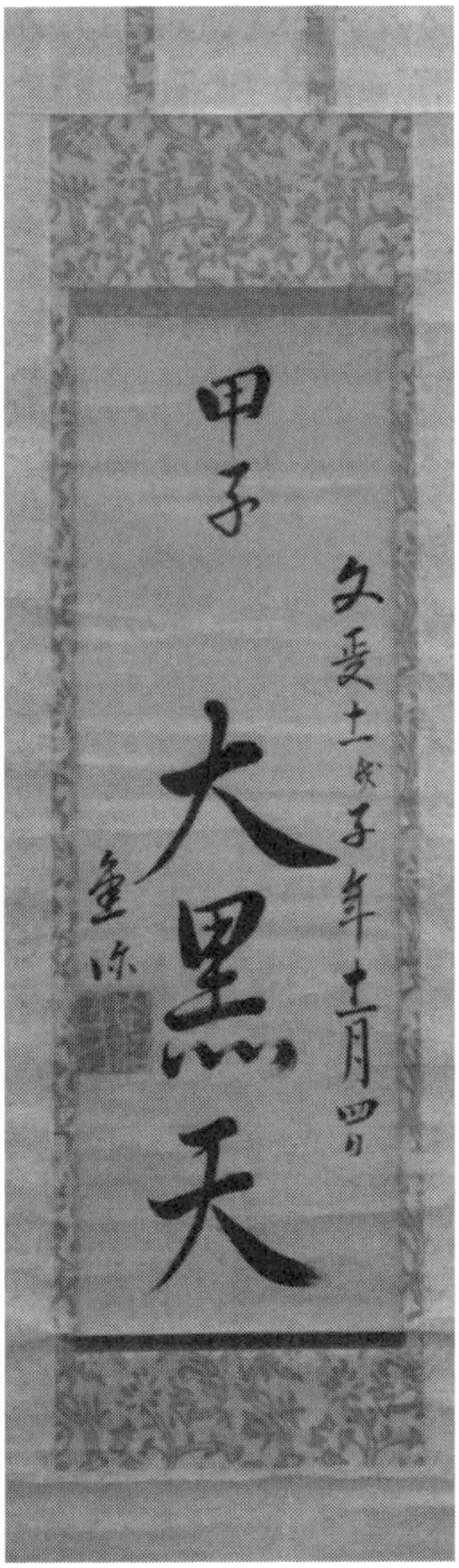

田沼意正筆「甲子大黒天」（後藤晃一氏蔵／牧之原市史料館寄託）

竹屋騒動

小泉勝三郎《こいずみかつさぶろう》は、後期相良藩の武術師範である。名を信明といい、『遠州侠客伝』では羽賀典膳となっている。加州金沢の生まれで、軍学は越後流、剣は真影流、柔術は毘沙門流、儒学、書道にも秀で節義に富んだ人と伝わる。はじめ田沼意正に勤仕し、優れた腕によって間もなく藩の武術師範格に登用されたが、勝三郎は家中をきらって相良城下に町道場を開いた。田沼家中の子弟にも剣術、柔術、軍学の指南をし、また、門弟には侠客《きょうかく》も出入りした。

小泉は、天保六年（一八三五）三月二日の「竹屋騒動」の引責によって道場を閉じた。

竹屋騒動は侠客同士の争いで、富吉なる者と紺亀なる者が常州熊（熊五郎）という者を斬ったことに始まる。当時「富や紺亀斬る気はないが、運のつきかよ熊五郎」という歌が相良城下に流行したほどの大事件で、常州熊を斬ったこの紺亀と富吉は勝三郎の同門であったという。『騒動記』に「……紺亀はすかさず、元来、田沼の家臣羽太某から習った羽太流の親指切りの術を以て、熊五郎の右手の親指を切り落し、そのひるむ処を、富吉と紺亀とが斬り殺した」とある。常州熊の死骸は、勝三郎が富吉の若い者に指図して現場に埋葬した。

事件から三年後の天保九年、常州熊の仇討ちに関東の岩五郎が百余人の仲間を引き連れて、一三艘の船で相良湊に押し寄せて来た。勝三郎門下生二百余人は富吉に助勢し、藩主田沼氏の陣幕を海岸に張り、相良の浜は近在の見物人で大騒ぎとなった。それが功を奏し、岩五郎を遁走させた。この出入り（喧嘩）で一半の責任をとり、勝三郎は駿府代官所へ自首して出た。その陳述は「天保九年春、関東岩五郎と申す無頼《ぶらい》の徒《と》、相良の富吉を襲うと承《うけたまわ》り、城下騒擾《そうじょう》の際、万一良民に怪我や過ちあっては相成らぬと心得、家中の若侍達を引連れて警護に赴いたが、その際用いた陣幕が戦場に紛《まぎらわ》しき所為とか申され、富吉に対しお咎めがあった由、これは富吉の喧嘩沙汰には何の関わりもないこと、若《も》しそのことに非があると申されるなら、当然拙者も一半の責を負う可《べ》き筋合と存じ、斯《か》く自訴いたした」と申し立て、陣幕を持ち出して家中の侍たちが出張ったのは、喧嘩の助太刀ではなくて、良民保護のための警備だと真意を吐露した。

その結果、勝三郎の身柄は駿府の侠客安東の文吉にお預けとなり、そこに寄食して子分たちに剣術や柔術を指南し、文吉もまた篤く師事して賓客《ひんきゃく》の礼をとった。

明治五年（一八七二）、生国の加州金沢に帰る時、駿府在池田の本覚寺に建立した文吉の墓碑台座に「安文吉」の三文字を、見事な筆蹟で揮毫して去ったという。

安東文吉の墓
（静岡市駿河区池田）

最後の藩主意尊の相良での逸話

田沼意尊《おきたか》は相良藩最後の殿様である。文政二年（一八一九）十二月十五日、意《おき》留《とめ》★の長男として生まれた。後期相良藩の三代目藩主となったのは天保十一年（一八四〇）、二十二歳の時であった。意尊が、初めて相良にお国入りしたのは、天保十四年七月二十一日、大坂加番（城番の副として城の警備にあたる役職）へ赴任する途中で、村々の役人の出迎えを受け、平田寺と小牧山八幡宮にお参りし、平田村から波津の海岸まで領内を巡視した。

この相良陣屋に、田沼意正の代から勤仕していた、いわゆる国元家臣がいた。鷲巣東馬《わしずとうま》である。田沼意正によって再び相良藩が立藩された時から相良陣屋に勤仕している。天保十一年と思われる「亥三月大分御扶持米渡方帳」に「一、玄米壱石八斗、鷲巣東馬」と記されている。田沼意尊が家督を襲封した時で、東馬は田沼意留の時から在所相良陣屋の家老職であり、藩主意尊の領内巡視に同道している。

翌日、相良の新町、前浜町、市場町、福岡町では、浜に舞台を組んで、前夜から支度しておいた鯛や海老などで歓待した。そして、波津村の舞台では、近海で捕れた大鰹《かつお》を刺身にして出したが、四代もの下村藩主が代々不審な若死にをし

▼田沼意留
田沼意正の嫡男（備前守）。天保七年（一八三六）より天保十一年まで相良藩主。文久元年（一八六一）死去。墓は東京都豊島区駒込の勝林寺にある。意留の相良における業績は知られていない。

ており警戒していたためか、意尊は口にしなかった。この時のお付きの料理人が「大丈夫だからお召し上がり下さい」と言ったので、やっと口にしたという話が残されている。

二十二日、そのまま相良を出発し、大坂城に着いたのは八月一日であった。

その後、意尊は四十三歳で若年寄に就任し、五年間この職にあり、精励した。

さて、藩の歳費は一五〇〇両が必要だったという。幕末、水戸天狗党の乱が起こると、幕府は田沼意尊に追討軍の総督を命じた。その際、相良藩は多額の戦費が必要だったが、前年に領内各村ごと高一石につき金一分ずつの割で調達し、個人の資産家からは藩債の形で資金を借用していた、合計六〇〇〇両を転用した。交戦は八カ月におよび、藩の財政は苦しく、借金は返せなかった。このことについては次節で述べる。

慶応四年（一八六八）二月（九月八日に明治と改元）、相良藩は勤皇側か旧幕側か、どちらにつくか尾張藩に問いつめられ、「勤皇誓書」を差し出している。

意尊が相良藩主だった期間は二十八年間である。墨蹟の一つに次の和歌一首がある。

さまざまの悪気を申《さる》のとしこえてあらたに永久《とわ》をとりどしの春

田沼意尊直筆和歌（個人蔵）

二人の家臣堀部と川島

藩主意尊を支えた二人の家臣がいた。

堀部《ほりべ》三郎《さぶろう》尉《のじょう》は田沼意尊が藩主の時に、鷲巣東馬の跡を受けて家老職となり、在所の相良陣屋において国元の家老を立派に務めた。『大成武鑑』には、家老堀部三郎尉、年寄各務九左ヱ門、用人中谷治郎着ヱ門、各務九郎治郎、篠原門之丞、堀部利三郎らの名が見える。

川島清右衛門《かわしませいえもん》は寛政十一年（一七九九）に遠江国須々木村（現・牧之原市）に生まれて、文久三年（一八六三）七月十三日に六十五歳で没した。

生来利発で、相良藩主田沼意留《おきとめ》に仕え、長じて算用方に精通し、勘定役として人より抜きん出ており、天保十一年、四十二歳の時、田沼意尊が藩主となるに際して勘定奉行に抜擢《ばってき》され、幕末期の苦しい藩財政の保持に専心している。

③ 田沼意尊と水戸天狗党の乱

幕末の内乱の一つ「天狗党の乱」が勃発し、幕府追討軍が編制される。
田沼意尊は、追討軍総督を下命され、相良藩から兵を出した。
慶応二年（一八六六）、戦費の償還ができず、国元家老が責任を負って自刃する。

天狗党追討軍総督を下命された意尊

元治元年（一八六四）八月付けの「道中日記帳」という史料が牧之原市平田の今村武次家で発見されている。この日記帳は同家の当主の曾祖父にあたる仲八（明治四十年〔一九〇七〕十一月九日、九十六歳の長寿で没している）が軍夫として、天狗党★鎮圧に従軍した時に書き記された横帳（全一〇九頁）で、「仲八日記」ともいう。仲八は文化九年（一八一二）十一月二十五日の生まれだから、元治元年には五十三歳であった。

相良藩は水戸出兵にあたり、領内四〇カ村から臨時人夫を募集し、日当二朱で三〇人を連れていったという。現在、従軍者ではっきりしている者は、仲八のほかに女神村の百姓甚助の子・千代蔵と、鬼女新田村の権八がいる。権八は従軍中

▼天狗党
幕末、水戸藩における尊皇攘夷の急進派。主導者は田丸稲之衛門、武田耕雲斎、藤田小四郎ら。これに対する水戸藩内の反天狗派を諸生党という。

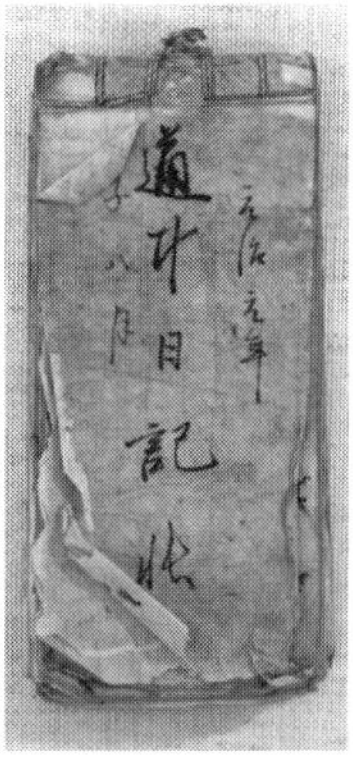

「道中日記帳（仲八日記）」
（今村博至氏蔵／牧之原市史料館寄託）

に没している。

「仲八日記」は元治元年（一八六四）七月十八日、相良を出立し、翌年三月十日、江戸の相良藩上屋敷に到着するまでの足跡、役人名、里程、追討軍人数、天狗党の動き、合戦、御仕置、金銀出入り等が記されており、特に相良藩従軍者総数は、御名代・若年寄田沼玄蕃頭以下二七〇人であり、そのうち五〇人の役職、個人名が列挙されている。

水戸天狗党の争乱鎮圧史料については、明治新政府による史観操作もあってか、幕府軍総督として派遣された相良藩主田沼意尊の事績、動静に関する史料は意外と少なく、「仲八日記」の史料的価値は高いと思われる。

水戸天狗党浪士の乱（天狗党の乱）は元治元年（一八六四）三月二十七日、藤田小四郎らによる筑波山挙兵から、十二月十七日、加賀藩の新保駅で降伏するまでにおよぶ一連の戦いである。戦闘行動の最後は、十一月二十日の和田峠（長野県内）の戦いであり、それ以降は、追討するのみとなっている。

その頃、江戸で次のような歌が流行ったという。

山水の流れて出たと汲みほすに玄蕃くらいじゃ★、とてもいくまい
水戸もなき★浪人連の騒ぎ出し大丈夫だと田沼れもせず

▼玄蕃くらいじゃ
田沼意尊が天狗党追討軍総督となった時、玄蕃頭（かみ）であった。
▼水戸もなき
「みっともない」を掛けている。

御用金の調達と出動した相良藩兵

水戸出兵より八カ月前の文久三年(一八六三)十一月、相良藩主田沼意尊は国元の相良領内で御用金を集めている。この年十二月に意尊は、将軍家茂に従って京都に上っており、当時すでに六〇〇〇両という戦費を調達している。その事情を考えると、はじめ相良藩は長州征伐に加わる公算が大であったので、そのために用意していたと考えられる。急に関東に戻り、水戸天狗党追討の総督を拝命するにおよび、用意した資金が丁度それに間に合った。

相良藩内の松本村における戦費調達の内容は、「川田家文書」に、

「殿様御用金之事

文久三癸亥《きがい》十一月殿様御用金被仰付

金五十七両二分也　　松本村

御領分高壱石ニ付金壱分づつ被仰付候、但領内凡六千両と申侯」とある。

これは松本村(二百三十石)の分で、領内四〇カ村、各村高一石に付き一分ずつ。また、個人の資産家には藩債(元金は十年年賦、利息は年五朱)の形で借用し、しめて御用金は六〇〇〇両であった。

意尊は若年寄という幕府の要職で、江戸城菊間《きくのま》詰であった。いわゆる在府大

名で、江戸上屋敷は馬場先門内にあった。

元治元年七月九日将軍家茂より天狗党追討の総督を命じられた。意尊は四十六歳の働き盛り、将軍家茂の信任も厚く、忠誠心を遺憾なく発揮できる時期が到来したのであった。

この出陣に相良藩兵が何人出動したかは「仲八日記」によると、御名代・若年寄田沼意尊、家老篠原昌左衛門、側用徒士頭堀部三郎左衛門、軍奉行・公用人小室祐之丞、以下各奉行、右筆、医師を含む士分、大砲方五人、足軽・徒士・物持中間供などで、総人数二七〇人であったことがわかる。

右にいう名代とは代理人の意味であり、意尊は将軍家茂の名代として出陣したのだった。

国元家老の処理した異国船事件と自刃

国元家老井上寛司《いのうえかんじ》の生年は不詳であるが、慶応二年（一八六六）四月に武士として天晴《あっぱ》れな最期を遂げた。

父は相良藩用人井上直衛良恭である。田沼意尊が天保十一年（一八四〇）に藩主となった後、国元の用人であった寛司は嘉永五年（一八五二）に家老となっている。同七年正月十日、異国船三艘が、突如相良藩の沖合に現れた。家老の寛司はただちに同日四つ時（午前十時）、足軽百瀬七蔵を江戸表へ遣わして御用状を差し立てると共に、横須賀などの隣藩に報告する。かねて定められていたように相良四町控えの雇足軽《やといあしがる》五〇人を繰り出させ、陣代山《じんだやま》に陣場を張り固めさせた。藩の役人が指揮をとり、役所の表門を開けっ放しにして、陣場と役所の間は伝令の往来が頻繁をきわめた。翌十一日、沖合に異国船一艘が見えたが間もなく姿を消したので、張り番を二五人ずつ二交替に減らした。寛司は翌日、駕籠で御前崎に出張し、海上の検分を済ませ、十四日になると相良の陣場も引き払わせた。

天狗党の乱に対しては、相良藩は六〇〇〇両という莫大な戦費を要した。その調達に奔走したのも寛司であった。村々に割り当てた御用金のほか、苦しい藩財政の中で、元金は十年年賦とし、利息は年五朱という藩債を領内の有力者にあてて出していた。文久三年（一八六三）のこれらの証書を見ると、富田仙三郎、鈴木平左衛門の勘定奉行と共に家老の寛司の署名も見られる。慶応元年（一八六五）三月に凱旋祝いがなされたが、藩債の利息や元金の第一回償還（年賦償還）がきたが藩財政は底を尽き、どう工面しても支払えない。次いで二回目の支払い期が到来する。頼りになるはずの幕府は瓦解寸前で、「武士に二言なし」の面目を失した寛司は深く責任を感じ、慶応二年四月一日、旧相良城本丸三日月堀の弁天堂において、腹一文字にかき切って自決した。

遺骸は平田寺に葬られ「鳳林院徳望超勇居士」と記された。寛司の行年は明らかでないが四十二、三歳ぐらいと推定される。その時、妻のつねは三十五歳、長男良純は十一歳、二男鍵は七歳であった。世間には悪代官、悪家老の話は多いが、領民への藩債の償還が遅れたとして、家老が責任を負って自刃した例は珍しく、寛司の最期をみて、人々はまことに武士の鑑《かがみ》と称えたという。

④小久保藩と相良

徳川将軍家は、一大名となり駿河国府中（駿府）藩が誕生する。
それに伴い、田沼意尊は、上総国小久保へと移封となった。
意斉は、父意尊の意志を継ぎ、藩校盈進館の校舎を新築した。

相良の地から小久保へ

慶応四年（一八六八）五月に徳川家達《いえさと》が駿河国府中藩主となり、幕臣受け入れのため、遠州諸藩は、上総などに所替えとなったが、相良藩田沼家は上総国小《お》久保《くぼ》藩（現・千葉県富津市）へ所替えとなり、後期田沼三代の相良藩は、意正以来、四十五年間で幕を閉じた。

田沼意尊・意斉《おきなり》父子の小久保藩邸は、明治元年（一八六八）から同四年まで弁天山古墳の西南台地にあり、当時は一万二〇〇〇坪（現在は一万二七〇〇平方メートル）の広さを有し、現在は、記念する石碑が建つのみである。

明治二年（一八六九）六月二十四日、版籍奉還の後、意尊は小久保藩知事★となり、七月に小久保の弁天★に藩の役所を構えた。

小久保藩邸址の碑

▼藩知事
知藩事。職名としては「知藩事」、藩名を冠する場合には〇〇藩知事という。

▼弁天
弁天山古墳の麓。弁天は古墳周辺の地名。

七月に初めて領地に赴き、天羽郡小久保村に藩校盈進館《えいしんかん》を創立して藩士に学問を奨励した。

家臣たちが相良を後に小久保へ向かったのは、明治二年二月で、藩士一二〇戸、家族・小者を含めて人数三九二人、足軽四三人と記録にある。

意尊は慈悲深い殿様であったので、移封に際し、藩主を敬慕していた領民は「このたびご領主様にはお所替えになる趣き、これまで殿様のおかげで一同安心して暮らすことができましたから、どうか引き続き相良にとどまってほしい」という嘆願書を差し出している。

田沼意尊は時代の変革期に遭遇し、出征、移封と重なり心身共に無理をしたのが障ったのか、明治二年十二月二十四日、五十一歳の若さで亡くなり、上総周准《すえ》郡新御堂村の最勝福寺に葬られた。法名は寛隆院殿曜徳自照大居士。その後、明治二十二年七月、遺骨は意次・意知の墓がある東京豊島区駒込の勝林寺に改葬された。

意尊の没後は養子の意斉《おきなり》が跡を継ぎ、明治四年七月には廃藩置県が断行されて知藩事を免ぜられたので、藩邸は廃止となり、旧藩士たちもこの周辺に居を移した。

藩邸址《あと》の内外には、御殿坂、練兵場、厩地《うまやち》、士族邸・藩校（盈進館）址《あと》、米蔵などの名称が残り、地形などからわずかに往時の景観が偲ばれる。今、この小久

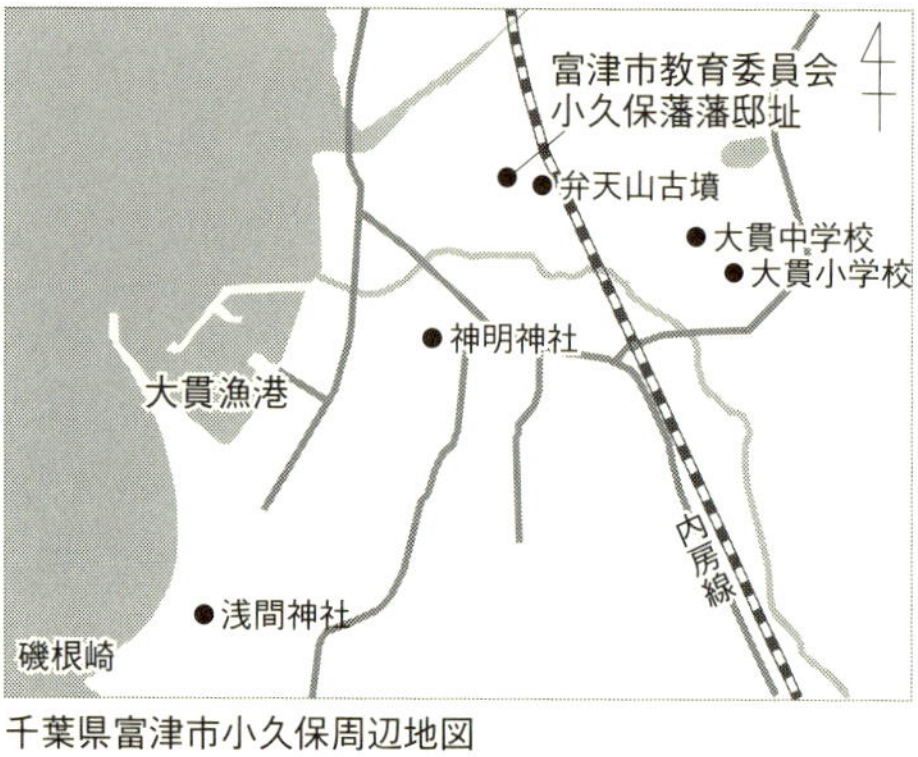

千葉県富津市小久保周辺地図

保藩邸のあった敷地内には富津市役所の大佐和出張所と市教育委員会、中央公民館がある。★

藩邸内に建てられたという藩校盈進館は、藩士を主に庶民も入学できるという学校であった。

主要教科は江戸時代以来、幕府の採ってきた儒教と漢学を中心に、歴史、地理から算数も教え、とりわけ西洋文化の学習に力を入れ、その頃すでに英語の初歩的指導も行ったといわれる。翌年の廃藩置県に伴い廃校になったが、その後、この旧校舎の建物は、新しくスタートした小久保北小学校の校舎として使用された。

意尊の跡を継いだのは、田沼意斉である。安政二年（一八五五）に武蔵岩槻藩（現・埼玉県さいたま市岩槻区）二万三千石藩主大岡忠恕《ただひろ》の第五子に生まれ、明治二年、意尊の養子となった。翌三年二月に家督を継ぎ、従五位下となる。そして小久保藩知事に任ぜられた。同年七月、天羽郡小久保村に養父の意志を継ぎ藩庁を建設する。

十月に領地替えが行われ、周准郡の領地のうち上湯江・下湯江・貞元の三カ村が上知となり、同郡作木・六手・馬登・尾車の各村のうちから代地が与えられた。意斉は、明治三年十月に藩庁内に藩校盈進館の校舎を新築した。職員は教員一人、教授三人、事務一人、校僕二人の計七人であった。意斉は翌四年二月に新政府の

▼公民館内の郷土資料室には市内の歴史、民俗資料の一部が収蔵され、その中に、幕末水戸の天狗党に関連して水戸藩から御礼として佐貫藩主に贈られた『大日本史・本紀列伝』一〇〇冊（富津市指定文化財）が残されている。

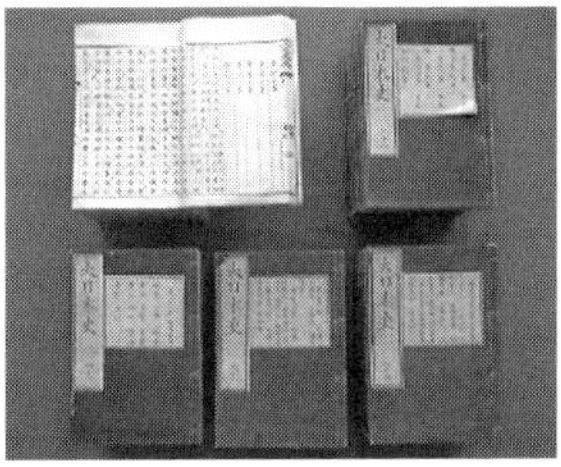

『大日本史・本紀列伝』100冊
（富津市教育委員会蔵）

許可を得て東京に遊学し、この月、東京への移住を家族共々命ぜられ、東京府貫属となった。同年七月の廃藩置県により、意斉は藩知事を免ぜられ、小久保県が成立し、県務は大参事が統轄した。同六年十一月、意斉は隠居となり、同時に田沼家を離れ、家督を意尊の長女智恵が継いだ。

茶畑開墾と茶業の発展

牧之原市における茶の起源については明らかではないが、中世、相良荘として栄えた土地柄であり、荘官等の支配者層や寺家にあっては、喫茶を嗜《たしな》んだものと推察される。

特に平田寺が鎌倉期、菊川宿に接待茶屋★を設けたことは注目してよい。下って慶長九年（一六〇四）、落居村の検地帳に「チャの木」の存在が記されており、江戸時代には畑の畦《あぜ》に点々と植えられていて、黒製といわれる釜炒り茶をつくり、自家飲用としていた。

元禄期以後（一六八八〜）の史料によると、茶産地として園地化していた所に遠州山梨（現・袋井市）在の須久茂田ケ原があり、ここの製品が馬によって、信州街道経由相良湊や掛川道経由川崎湊から江戸・横浜へ廻船によって移出されていた。

▼接待茶屋
小夜の中山久遠寺門前にあった。東海道を外れて相良荘、勝間田荘に向かう旅人の便を図った。

福岡（現・牧之原市）の廻船問屋西尾太郎兵衛は天和年間（一六八一〜一六八四）から茶荷物を取り扱っていたという。

天保（一八三〇〜）・弘化（一八四四〜）の頃、相良湊より移出された製茶は年間五〇樽といわれた。一樽は一〇〇斤入りだから九六キログラムが標準であった。

江戸後期から明治初年にかけて、先進農家による小規模な茶園が何カ所かに仕立てられたことは、茶価の高騰と併せ考えると、信用できる史実である。

茶が換金作物として貨幣経済に占める優位性は、安政四年（一八五七）前後における宇治製法が伝播し、同六年の横浜開港等による茶商品の市場性の高まりによって裏付けられた。

明治二年（一八六九）以後、徳川新番組、金谷宿川越人足などの牧之原開拓を契機とし、郷土の茶産地化が進行する。当市域の場合、相良勤番組による菅ヶ谷原開墾（現・牧之原市）があり、同四年、九尾文六らの東・西萩間原（現・牧之原市）への入植開拓があり、茶園栽培による士族への授産が講じられた。

牧之原への入植開拓と、茶業の有望性を卓見した勝海舟などの先覚者に周囲の農家が刺激され、明治四年、五年頃から開墾、または旧畑への播種が行われた。

明治維新前後から明治二十年代にかけて、当地の茶園開墾は大いに進んだ。当時の栽培面積が不詳なのは残念であるが、明治十七年の茶業組合創設時に、静岡県の作付七六〇〇町歩に対し、収穫は七四万貫であった。

五十年後の昭和八年（一九三三）の作付一万五四〇〇町歩、七七〇万貫となり、反別二倍強で、その収穫は実に一〇倍にもなっている。さらに五十年経った昭和五十八年の作付は二万二八〇〇町歩、五八五〇万貫だから、対昭和八年の作付は約一・五倍、収穫は約七・六倍という興味ある統計を知ることができる。

維新前後の相良周辺

徳川家達《いえさと》★は、将軍家の分家である御三卿田安家に生まれ、鳥羽・伏見の戦い後、新政府に恭順した慶喜に代わり、わずか六歳で宗家当主となった。そして、七十万石の一大名となり江戸（東京）から駿河へ移った。当然、将軍としてではなく一大名としてである。駿河国府中藩（のち静岡藩と改称）の藩主として徳川家を存続させた。

亀之助（のちの家達）の父は、田安家の五代当主慶頼《よしより》である。ちなみに、亀之助の実母竹子の妹初子には、婿養子を迎え津田家を継がせている。それが津田仙《つだせん》★である。仙は幕府の外国方に出仕した幕臣で、維新後は農学者・教育者となった。仙の娘が日本最初の女子留学生の一人となり、現在の津田塾大学を創設した教育者津田梅子★である。

▼徳川家達
一八六三〜一九四〇。田安慶頼の三男。幼名亀之助。明治維新後、徳川宗家一六代を継ぐ。明治二十三年（一八九〇）以後、貴族院議員、同議長を歴任した。

▼津田仙
一八三七〜一九〇八。明治期の農学者・教育家。下総国佐倉生まれ。津田梅子の父。渡米して日本が農業立国化せねばということを痛感し、帰国後、農事改良に努め、農学校を開設。メソジスト派で受洗、禁酒雑誌を発行。津田塾大の校祖。盲唖教育にも尽くした。

▼津田梅子
一八六四〜一九二九。明治期〜大正期の教育者。津田仙の二女で江戸生まれ。北海道開拓使派遣留学生として八歳で渡米、受洗（聖公会）して帰国、女子英学塾（のちの津田塾大）を創設した。

慶応三年（一八六七）から慶応四年の日本は、かつてない歴史の動乱期であった。大政奉還、王政復古、そして正月に起きた鳥羽・伏見の戦いを経て、慶応四年二月、謹慎した慶喜が上野寛永寺に退去すると田安慶頼は松平確堂（斉民）と共に徳川宗家の責任者の地位に就き、江戸府内の治安維持や新政府との交渉にあたることとなった。

江戸は、勝海舟と西郷隆盛らの努力により、新政府軍の武力による攻撃は回避され、四月十一日、江戸城は無血開城した。

慶応四年閏四月二十九日、わずか六歳の田安亀之助が徳川宗家を相続すべき旨が新政府から発表された。翌日、亀之助は田安邸から清水邸に移り、五月三日には松平確堂が、新政府からその後見人を命じられた。

五月十八日、亀之助は家達を名乗る。同月二十四日には、駿河国府中藩主として七十万石を下されることとなった。四百万石の天領（将軍家直轄領。蔵入地《くらいりち》とも）と旗本領を合わせれば七百万石におよんだ徳川家の所領は、一〇分の一★に減封されたのである。

家達はのちに貴族院議長となり、三十年間もその重責を担うことになる。当初はまだ幼少の身であったので、勝海舟を中心にした多くの幕臣が藩政を担当していた。

明治二年秋になると、家達は遠江の相良方面を視察している。黒漆塗りの駕籠

▼一〇分の一
明治四年（一八七一）、明治政府により廃藩置県が行われる。各大名の石高を一〇分の一にする代わりに、家臣たちの面倒をみなくてもよいとし、移住させた。徳川宗家の石高一〇分の一はその先駆けであっただろう。

に乗り、お供は五〇人ほどだった。行列が通る約三十分前には先導役が「下に居れー」と声をあげた。道路には清浄な浜砂が敷かれ、沿道の両側には人々が莚《むしろ》の上に坐り、合掌して藩主を迎えた。

相良では廻船問屋竹内新兵衛宅に一泊したが、藩主が泊まるというので、同家では事前に雪隠（便所）に畳を敷いたといって近所で大評判になった（『静岡県議会史』）。新時代に相応しい変身を遂げつつあった家達であるが、受け入れる側の一般民衆には、将軍家に対する古くからの観念がいまだに強く残っていたといえる。

戦国時代後半、今の牧之原市一帯は徳川家康の直轄地であった。鷹狩りの好きな家康は、そのために御殿を建築している。維新後、再び徳川宗家の領地となったわけで、徳川家とは深い縁がある。

無禄移住したような廃藩置県の真相

徳川家の駿府移封に先だち、それまで駿河国・遠江国に置かれていた七つの藩（沼津・小島・田中・相良・掛川・横須賀・浜松）には上総国や安房国への転封が命じられた。ただし、徳川家達の居城はあくまでも駿府城であり、これら七つの城下には藩士たちが分散移住することとなった。万を超える江戸に住んでいた家臣たちは、夏から秋にかけ江戸改め東京から続々と駿遠の各地に移住した。

幕臣であった多数の旗本や御家人には、三つの選択肢があった。
一、朝臣《あそん》、つまり新政府の役人となる。
二、無禄を覚悟で、主家と共に静岡へ移住する。
三、過去を清算し、野に下り自ら生計の糧を探す。
幕府としては、七百万石から、その一割ほどの七十万石の一大名となるということで、財政的に苦しく全員を養うことは難しいため、選択肢の一、または三を希望してほしかったのではないだろうか。

しかし、一は、武士は二君に仕えずという面子もあり、朝敵の身でもあり（仕官する者は）少数しかいなかった。二を選択した者も当初は多かったようであるが、間もなく日を置いて三に変更した者も少なからずあった。最終的には、約三万人の幕臣のうち、一万人程度が静岡に移住したといわれる。家族も含めれば、その二、三倍が江戸から引っ越してきたことになる。

その引っ越しは、旧幕府が依頼した外国船で清水湊に上陸した者と、陸路を選択し箱根を越えて移住した二つのグループがあった。

その中の八〇〇人程度が、相良および近隣に居を構えることになった。そのリストは「相良勤番組名簿」という名称で、牧之原市史料館の展示室のガラスケースの中に収められている。そのトップは、コラムで述べる山高信徳《のぶあきら》（信離）であり、維新後の幕臣が歩んだ一つの例として興味深いものがある。

これも相良

相良奉行所の山高信徳（信離）

　山高信徳《のぶあきら》（通称・慎八郎）は、千八百石の知行取りの旗本であり、明治二年（一八六九）一月に二十八歳で、府中藩相良奉行所の大目付に任命された。しかし明治五年二月には、新政府の役人となり上京し、信離《のぶつら》と改名している。その後、いろいろな経験を重ね、後年には京都にある帝国博物館の館長となっている。相良に勤務していたのはわずか数カ月のみと推定されるが、明治初期の相良を代表した人物である。

渡仏時にマルセイユで撮影

　信徳は、幕府大目付堀利堅の六男として、天保十三年（一八四二）二月十二日に江戸の赤坂御門内で生まれる。五男（異母兄）は孝之助といい、慎八郎より二十二歳年上であった。この兄は、当時千八百石の知行取りであり、旗本の名門である山高家を継いでいた。

　安政三年（一八五六）十二月、養父孝之助が亡くなり、十五歳の慎八郎が跡目を相続し、信徳と名乗る。文久元年（一八六一）一月、幕府大目付岡部永常の養女岡部幸子と結婚。同年七月、安政の大獄で失脚し謹慎していた岳父岩瀬忠震《ただなり》が憤死した。二十二歳の時、京都で将軍家茂の供を仰せ付けられる。二十三歳の時、幕府大目付であった実父利堅が亡くなる。この年一月、信徳は将軍家茂の目付となるが、五月には病気御役御免で寄合入りとなる。

　慶応二年に慶喜が十五代将軍となり、フランスで開催される万国博覧会に視察団の派遣を決める。慶喜の実弟松平昭武が団長となり、病気が回復していた信徳は、十五歳の清水家の殿様昭武の傅役《もりやく》（教師役）を任命される。同行者には後年、実業界で活躍することになる埼玉県深谷市の豪農出身の渋沢栄一が事務方として参加している。この一件は信徳にとって、のちの官僚人生に大きな好影響を与えることになる。

　慶応三年一月に横浜港より、フランス船にて出港し、三月、パリに到着する。山高信徳は幕府全権代表として、ナポレオン三世と謁見する。この時、フランス軍の中佐から単なる秘書官と誤解されたが、「自分は将軍の名代である」と胸を張り主張したと伝えられている。

　視察団のフランス滞在中に、幕府は崩壊した。徳川家の相続人はまだ幼い家達《いえさと》となり、七百万石にものぼるといわれた徳川家の所領は没収され、代わりに与えられたのは、駿河・遠江などの七十万石であった。この時、相良藩田沼家は上総国小久保《おくぼ》（千葉県）に移封された。

　フランスにいた信徳は、謹慎中だった慶喜付小姓頭取を命じられ、明治元年（一八六八）九月にマルセイユの港から出航し、十一月三日に横浜港へ帰港し、十一月二十三日には、東京城で明治天皇に拝謁する。その数日後、府中宝台院で謹慎中の慶喜にパリでの状況を報告する。帰国後の明治二年一月に信徳に与えられた役目が府中藩相良奉行所の大目付であった。添奉行は依田素一であり、役人を含めて相良に分配された士族は七五八名であった。この時、縁戚の林又三郎は、小島藩があった場所（現・静岡市清水区）の小島奉行となっている。

しかし、発令されても住む場所が用意されないため、相良奉行所が開設されて、実際に着任したのは、同年の六月であった（川田家文書）。フランスに同行した杉浦愛蔵が書いた「静岡日記」によれば、三月、臨済寺で開催された漢詩の会に参加していることから、準備が整うまで駿河国府中に待機していたものと思われる。

二十八歳の信徳が相良において、どのような政治を行ったのか、興味のあるところであるが、これに関する資料は、現時点で見出せない。しかも七月には、再度の役職改称があり、九月には相良役所が廃止となり、島田郡役所の所属となっており、島田の責任者は、直心影流の達人榊原健吉であった。

明治三年三月には、静岡藩権少参事という役職についている。したがって、相良にいたのは数カ月に満たなかった。

明治五年二月には、渡仏経験を生かした大蔵省七等出仕博覧会御用掛となり、東京に戻る。明治七年一月には、内務省勧業寮六等出仕の身分で、ウィーン万博一等書記官となりスイスに出発する。明治九年には内国博覧会兼務となり、徳川昭武と共にフィラデルフィア博覧会に派遣される。翌年春、農商務省勧業局と米国博覧会事務局の兼務となる。明治政府の政策は富国強兵であり、博覧会への参加は日本の紹介や輸出促進策として重要な業務であった。明治十二年にはシドニー万博事務官として派遣される。彼の若い頃の渡仏経験は、他《た》をもって代えられなかったからと思われる。

新政府で活躍した信離

明治十五年十二月には、農商務省権大書記官に栄進する。

明治十七年から二十一年にかけて行われた、皇居宮殿内装工事のデザインを担当する。彼は画家としての才能にも恵まれ、嗣子も画家であり、孫は版画家として活躍する山高登である。

明治二十一年一月、京都帝国博物館館長となる。明治二十二年に長女静が、府中を静岡と改称した向山黄村の二男慎吉と結婚する。明治二十七年、京都・奈良両帝国博物館館長を兼務する。明治三十一年、京都二条離宮の修繕の際、山高の図案が採用される。

明治四十年三月、東京本郷竜岡町の自宅で腎臓病により死去。享年六十六歳。正四位勲二等を贈られている。

徳川宗家の駿府移封

徳川宗家を継いだ亀之助（のちの家達）は、慶喜が駿府に入ってから遅れること約一カ月、旧暦八月五日真夏日の中、江戸を出発して、陸路を駿府に向かい二十日間の旅程を経て、二十五日、駿府に着いた。

大久保一翁★は以前に駿府奉行を務めたこともあって、駿府の事情はよく承知していた。家達の居所など、万般の態勢を整えるため、一行に先立って駿府に向かっていた。二十五日には江尻（現・静岡市清水区）まで家達一行を出迎えに出て、駿府城代屋敷（現・浮月楼）へ一行を案内した。

勝海舟と関口隆吉《たかよし》★は江戸に残留し、新政府軍との連絡と、江戸の残務整理にあたった。これらの残務整理を終えて十月になって東京を発ち、十月十一日に駿府に着いた。

家達と共に駿府に向かった一行は一〇〇名よりわずかに少ない人数で、一般の大名行列よりも淋しかった。六歳の家達は退屈し、駕籠の中から顔を出し、辺りの景色を眺めようと度々顔を出したが、その都度、側の者にたしなめられてうらめしそうに顔を引っこめた。駕籠の中はうだる暑さだったから、さぞかし疲れたろう。大名行列と違っていたのは、旧将軍家を象徴する長刀を、黒羽織に身を包

▼**大久保一翁**
大久保忠寛。一八一七～一八八八。幕末の公武合体派の幕臣で、海防掛や蕃所調所、講武所などで活躍。安政の大獄の際は一橋派に与したとして、京都町奉行を免じられた。文久元年（一八六一）に復職後は外国奉行などの要職に就き文久の改革を担ったが、翌年に罷免。元治二年（一八六五）に隠居し、一翁となる。幕府瓦解に際しては徳川家の存続に努め、静岡藩政・静岡県政にも尽くした。のち、東京府知事、元老院議官を歴任、子爵を授けられた。

▼**関口隆吉**
一八三六～一八八九。幕府与力の子。明治三年（一八七〇）、小笠郡月岡（現・菊川市）に入植。山形県権令、山口県令を経て元老院議官を務めた。明治十七年に静岡県権令となり、明治二十二年に初代静岡県知事になるも、同年に開通した東海道線の事故がもとで死去。妻綾子は江戸宗偏流茶道家元の出身。

んだお供の者が担いていることだけであった。

駿府移封により今は駿府藩主となった徳川宗家は、地方の一大名としての組織に変えた。

家老一人、平岡丹波。中老六人、浅野氏祐・服部常純ほか。中老同様御用扱一人、大久保一翁。幹事二人、勝海舟・山岡鉄舟。公儀人一人、杉浦兵庫。公用人四人、前島来助・関口隆吉ほか。学問所御用取扱一人、津田眞一郎。海軍学校頭二人、佐々倉桐太郎・肥田兵五郎。陸軍学校頭一人、西周助。町奉行一人、中台信太郎。

このほかの職名、例えば御用人、小姓、大番組、目付などは旧幕府時代のまま残している。変動期であって下位の職名を変えるまで余裕がなかったのである。ただ、大久保と勝が低い地位にあったのは、この頃の大久保は過労のため病気がちであって気分の良い日のみ出仕することでこの位置にとどまった。勝海舟が幹事に納まっていたのは、やはり旧家柄に従ったものと考えられる。同時に、幕府の最後を平和裡に解決させるという活躍をした大久保と勝が比較的低い位置に在ったことは、やはり封建時代の名残といえよう。

十二月には、はやくも無禄移住グループを含めて全藩士に扶持米を支給することを発表して政府を驚かせた。幕府時代の知行が三千石以上の者には一律五人扶持、百石以上には二人半扶持という、上に薄く下に厚い福祉政策の性格をもつ扶持米支給だ。

幕府時代から引き続いて駿府藩の給料を受けるのは二〇〇〇人、その人たちと無禄移住グループとの比率は一対三だ。無禄移住グループは形式的には、一度徳川家から絶縁されたことになっている。その無禄移住グループに対して「上に薄く下に厚い」原則で扶持米を支給するのは、正式な藩士の三倍にものぼる武士を新たに抱えたと解釈されかねない。しかも扶持米は正式な藩士と区別なく支給される。政府が口をさしはさむべき問題ではないにしても、これは異常きわまる政策だ。あえて異常な政策をやってのける、そこに駿府藩の矜持というものがあった。

明治二年（一八六九）六月十七日に版籍奉還があり、徳川家達は藩主から知藩《ち はん》事《じ》に身分が変わって、住居を駿府城から浅間神社神官の新宮兵部の屋敷に変えた。公私の区別を明確にすべしとの政府の指示に沿ったものだが、もうひとつ大事なことは藩名の変更だった。

それまでは駿河国府中藩（駿府藩）というのが正しいが、版籍奉還から三日後、駿府から静岡に変えたのである。駿府――「府中」、――つまり今の静岡市の近くに賤機山《しずはたやま》があり、城の辺りが賤ケ丘と呼ばれていたのにちなんで府中を静岡に改めたのは、府中が不忠に通ずることを憚《はばか》ったからとされ、藩名を静岡藩とすることにした。「静＝賤」を強調することで政府の威厳に対する謙遜と忠誠のしるしにしたわけだ。藩名変更を推進したのは沼津兵学校頭取の向山黄村《むこうやまこうそん》だといわれる。七百万石を七十万石に減らされても我々は屈服するものではないぞ、と意気盛んなところを示して、いたずらに政府を刺激したくない、そういう配慮も府中から静岡への藩名変更の下地にあったはずである。しかしながら、その静岡藩の存在は短命であった。明治四年七月十四日に明治政府が「廃藩置県」を断行し、当地は浜松県となったからである。

現在の相良中心部が徳川家康の支配地であったこと、そして終焉《しゅうえん》の際も徳川家の領地になったこと、ゆえに近代・現代へと続く産業や教育の礎《いしずえ》を築いた先人たちが旧幕臣であったことを鑑《かんが》みる時、何かしらの因縁を感じてならない。

相良の地は、幕末から維新期にかけて政治的にも経済的にも時代の波に大きく翻弄された。やっと本貫《ほんがん》の地相良に戻った後期田沼は意尊の時に、水戸の天狗党追討を命じられ、その借財返却の目処も立たずに家老井上寛司は責任を取って切腹、また徳川家の駿府移転に先立ち遠州諸藩は上総・安房国（千葉県）へ転封、相良藩は小久保へ移住、この留守宅に徳川家浪士が入植、相良藩領の支配関係も目まぐるしく変わった。

これも相良

この人も相良人③ 郷土、日本の産業発展に寄与した人々

石油、鉄鋼、水産

明治五年（一八七二）、太平洋岸唯一の石油を発見したのは、旧幕臣で相良藩士族の**村上正局**《むらかみまさちか》であった。これを事業として軌道に乗せたのは、信州生まれで長野県・新潟県の石油事業に乗り出していた**石坂周造**《いしざかしゅうぞう》であり、相良油田の最盛期の明治十七年頃は、年間産出量は七二一・六キロリットル（ドラム缶約三六〇〇本）で、石油採掘従事者は六〇〇人を数えた。

菅ヶ谷の峠には、村上・石坂と、石坂の息子で山岡鉄舟の婿養子となった**宗之助**《そうのすけ》の碑文「三枚碑」が建てられている。

なお、明治六年には、石坂がアメリカから購入した三台の石油掘削機が相良・長野県茂菅《もすげ》・新潟県尼瀬《あまぜ》にもたらされ、相良菅ヶ谷の庄八《しょうわ》屋敷で日本初の機械掘りが成功している。

日本の製鉄王とされる**田中長兵衛**《たなかちょうべえ》は、天保五年（一八三四）、萩間の男神村に生まれた。二十三歳で釘鉄銅物問屋から独立して「鉄屋」の屋号で店を開き、薩摩藩の御用商人の田中家の婿養子となり、陸海軍に鉄や銑鉄《せんてつ》を納める大商人となる。明治政府が官営工場として外国人技師を招聘し開発したが失敗した、釜石製鉄所の払い下げを受け、番頭で同じく萩間の大寄村出身の**横山久太郎**《よこやまきゅうたろう》らの努力で、試行四九回目に

村上正局

石坂周造

三枚碑（左：村上正局、中：石坂周造、右：山岡宗之助）
（写真提供：牧之原市史料館）

庄八屋敷に建つ「わが国石油機械掘り発祥の地」（牧之原市指定文化財）の碑
（写真提供：牧之原市史料館）

銑鉄の生産を成功させた。

明治三十三年、八幡製鉄が稼働できず困り果てていた折、釜石鉱山田中製鉄所から技師七人を派遣して稼働に成功。輸入に頼らず日露戦争の際の鉄鋼・造船用鉄板等の供給が可能となり、日本資本主義の工業化にも大きく寄与した。

横山は交通が不便だった岩手県で三陸鉄道等の開設に努め、貴族院議員となった。

水産業では、安政四年（一八五七）、大江に生まれた**丹所金三郎**《たんどころきんざぶろう》は、三十七歳の時、アワビ・サザエの水煮缶詰を作った。東京の消費者に好評だったため、イワシ・マグロ・カツオ・イカ・ハマグリなどの缶詰も開発し、横浜・神戸にも販路を広げた。日露戦争が始まると軍用缶詰も作り、地元での雇用、地元産の醤油を使用するなど、地域産業に貢献した。

田中長兵衛

横山久太郎

弟の**春太郎**《はるたろう》は潜水してアワビ採りをしていたが、兄の缶詰会社の千葉県出張所の責任者となり、潜水技術を教えたばかりか、潜水病の「階段式フカシ療法」を開発・普及させ、潜水病患者の恩人と慕われ、千葉県勝浦市には石像と碑文が建てられている。

郷土を盛り上げた産業

天保十四年（一八四三）生まれの**太田利兵衛**《おおたりへえ》は江戸に出て米穀商に奉公し、艱難辛苦の末に独立した。遠州の利兵衛から「遠利商店」という名で全国米穀業界に名を馳せ巨万の富を得て「東京の正米王《せいまいおう》」と言われた。郷里には明治四十年十一月に、二階建ての「相良勧工場大栄館」を開設した。これは共同店舗のはしりで、今のデパートの元祖だという。

相良湊の廻船問屋加茂屋の五代目**山本平三郎**《やまもとへいざぶろう》**（有棯）**は、相良藩・伊勢長島藩・旗本長谷川氏の金穀出納を担い、維新の際の相良藩への貸金残高は三〇〇〇両あった。弘化四年（一八四七）には一橋領波津陣屋跡に「御用所」を開設、営業資金の貸し付けを始め、鉢形山を開墾して茶園を造り、能登に滞在して桑の栽培、養蚕を学び、郷土に普及させた。

その子の**山本平三郎（松園）**は、海運業から肥料商に転じ、相良物産株式会社を創設して相良港開発、藤相鉄道敷設、小学校の校舎改築に努め、名波義三郎と相良銀行を創設（初代頭取）して地域発展に尽くし、「相良の渋沢（栄一）」と呼ばれた。書にも秀でており、社寺の幟旗《のぼりばた》、顕彰碑文の揮《き》毫《ごう》を残し、県下随一の書家と呼ばれた。

名波義三郎《ななみぎさぶろう》は安政五年（一八五八）、榛原郡坂部村の酒造業を営む板倉家に生まれ、明治十四年、須々木村の資産家名波家の婿養子となり、相良銀行頭取、初代相良町長、静岡県議会議員、山三回漕店経営、相良メソジスト教会創設などをした。

これも相良

この人も相良人④ 世界に貢献した近現代の二傑

ビタミンB1を発見した鈴木梅太郎

昭和十八年（一九四三）に文化勲章を受章した鈴木梅太郎博士は、牧之原市が生んだ世界的な農芸化学者である。

梅太郎は明治七年（一八七四）四月七日、榛原郡堀野新田村（現・牧之原市堀野新田）の鈴木庄蔵の二男として生まれた。東泉寺塾に学び、東京に出て学問をしようと心に決め、十六歳の時、八円を懐に入れてこっそりと家を後にし、徒歩で箱根を越え、国府津から汽車に乗った。十日後には父の許しをもらい、兄の捨蔵の支援などを受け、明治二十九年には東京帝国大学農科大学を一番の成績で卒業し、大学院へ進む。

明治三十四年、桑の萎縮病の病原をつきとめ、二十八歳で農学博士となった。この年に欧州留学を命じられ、ドイツのベルリン大学で四年間にわたる研究生活を送った。

没後50年の平成5年（1993）11月、鈴木梅太郎博士は文化人切手として登場

明治三十九年に盛岡高等農林学校の教授、翌年には東京帝国大学農科大学教授となり研究に励んだ。明治四十三年、米ぬかから新しい栄養分を発見しオリザニンと名付けた。現在はビタミンB1と呼ばれている。

梅太郎はその後もビタミンや栄養食品の研究などを続け、世界的に有名な学者となった。

大正十三年（一九二四）七月、日本農芸化学会を創設し、初代会長を務めた。

昭和二年には天皇陛下にビタミンについて進講するという光栄に浴した。この年、米を使わず防腐剤も用いない合成酒「理研酒」を完成させている。さらに、合成食物による食糧問題解決に取り組んでもいる。

「科学知識」震災号（大正12年〈1923〉刊）に掲載された「オリザニン」の広告

鈴木梅太郎は、東京の自宅を開放したり、私財を投じて育英事業に尽くしたりもしている。特に学問をしようと上京してくる郷里の者の宿泊施設が少なかったため、牧南舎や榛原寮を建てて学生等を援助したことは、郷土の教育への大きな貢献であった。

昭和十二年、理化学研究所（理研）の大河内正敏所長に懇望され、梅太郎は満州の一大研究機関大陸科学院二代目院長と理研の研究員を兼任し、満州と日本を往復した。

昭和十八年九月二十日、腸閉塞症により逝去、享年七十。

昭和三十年以来、梅太郎の偉業を顕彰すると共に理科研究の向上を図るために「鈴木梅太郎博士顕彰会」が創設され、静岡県内の中・高生を対象に「鈴木梅太郎賞」が毎年贈られている。

科学と実業で産業を牽引した山﨑貞一

山﨑貞一《ていいち》は、明治四十二年（一九〇九）八月五日、相良町福岡（現・牧之原市福岡）の猪吉・しげの長男として生まれた。貞一の生家山﨑家の屋号は近江屋。近江国野洲郡三上村（現・滋賀県野洲市）の三代目長兵衛の弟久兵衛が福岡に定住して米穀商を営み、相良藩御用達も務めた。田沼意次の時代には「長兵衛屋敷」が新町にあった。

貞一は尋常小学校の六年間で、学校では人の上に立つ者のあり方を、家では商いのこつとサービス精神を身につけたという。

昭和二年（一九二七）に旧制榛原中学校（現・静岡県立榛原高等学校）、昭和六年に旧制静岡高等学校（現・静岡大学）を卒業し、昭和十年、東京高等工業学校（現・東京工業大学電気化学科）卒業後は、同校で研究助手となり、昭和十三年、東京電気化学工業（現・TDK）に入社した。

勲二等瑞宝章を受章した山﨑貞一（昭和54年〈1979〉撮影）

昭和二十一年、三十八歳の時、TDK創業者齋藤憲三の後を継ぎ、二代目社長に就任した。昭和四十四年に会長となり、その後、監査役、顧問を務めた。

山﨑貞一は、強力な磁石「フェライトコア」の工業化に成功し、のちには磁気テープの製造などで、TDKを世界のトップメーカーに押し上げた。

昭和三十一年の電気化学協会（現・電気化学会）「棚橋賞」をはじめ、わが国産業振興の発展に尽くした功で数々の賞を受賞。

郷土愛に溢れた貞一が故郷に残したものとして、昭和四十五年に相良町女神（現・牧之原市女神）にTDK静岡工場を、次いで相良町白井に相良工場を建設し、地元の雇用の確保や町財政への発展に寄与した。

母校の榛原高校をはじめ、後進育成のためにも積極的な援助を行い、昭和五十八年には静岡県全体の教育振興のため、私財で「山﨑自然科学教育振興会」を設立した。

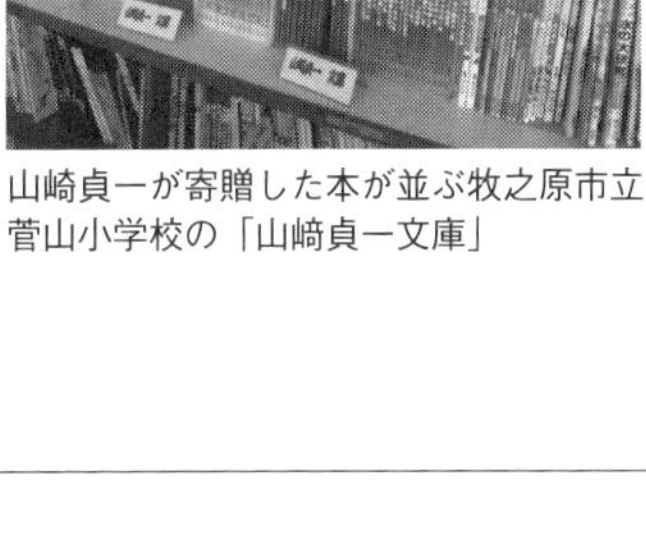

山﨑貞一が寄贈した本が並ぶ牧之原市立菅山小学校の「山﨑貞一文庫」

相良町はこうした功績を称え、平成八年の郷土の日に名誉町民第一号を贈った。

平成十年十一月二十日、心不全のため東京南荻窪の自宅で逝去、享年九十。葬儀は築地本願寺で行われ、会葬者は三〇〇〇人を数えた。従四位を追贈されている。

筆者の父次郎は山﨑先生の励ましを受けていた。父が、貞一の郷土を思う温かな眼差しと心遣いに敬慕の情を表していたことが懐かしい。誰とでも対等の立場で接し誰からも好意をもたれた貞一の人柄を、牧之原市の歴史と同様、後世に伝えていきたい。

エピローグ

相良の地の「近世」の終焉

相良藩のあったこの牧之原市は、不確実な将来の不安に取り付かれている。それは南海トラフによる大地震と大津波に加えて、隣接する御前崎市にある中部電力浜岡原子力発電所の存在である。原発からは二〇キロメートル圏内に入り、津波被害による死者数は県下一とされ、水道・電力の復旧も一カ月以上かかると想定されているからである。

そのため、誘致して定着した大企業が、他県や内陸部に移動する事態も生じ、人口減の原因ともなっている。

振り返って見れば、平安・鎌倉期に相良氏により相良荘として開発されたこの地は、相良氏の九州肥後国球磨郡多良木（建久四年／一一九三）・人吉荘（建久九年）への移転により、その後の経営記録が不確かとなり、戦国時代には今川・武田・徳川氏の抗争の場ともなり、さらに千年に一度とされる明応七年（一四九八）の大地震と大津波によって相良湊と平野部は壊滅状態となり、江戸時代前期に改めて再建された相良町（新町・前浜町・市場町・福岡町）なども、宝永、安政の大地震によりほとんどの家屋は倒壊し再建されている。

また、政治的にも江戸時代の相良藩五代目藩主となる本多忠央《ただなか》は「郡上《ぐじょう》一揆」の処理の不手際による改易、次の田沼意次の失脚による城下取り壊しと孫の奥州下村藩転封、代わって入封した一橋家代官の不手際と騒動、再び帰藩した後期田沼家相良藩も、幕末における天狗党追討のための借財と、その返却の目処《めど》が立たず責任を果たすべく家老の切腹事件も発生、徳川家を駿府（府中、のちの静岡）に迎えるため相良藩田沼家は上総国小久保《おくぼ》に転封となるなど、責任ある治政者がこの地に残ることがなく、平穏な時は永く続かない印象があった。

当地に移ってきた旧幕臣たちは明治二年（一八六九）から牧之原台地の開墾を始め、慣れない手で茶業を志し、またある幕臣たちは石油業を興そうと大苦労を重ねた。

明治二十二年には東海道線が開通し、相良港への近隣物産の集荷が困難になってしまい、港を浚渫し鉄鋼船を導入した海運業も大打撃を蒙っている。

こうした環境の中、明治以降、釜石鉱山を復興させ日本の製鉄王となった田中長兵衛、横山久太郎、オリザニンを発見した農芸化学者の鈴木梅太郎やＴＤＫを世界企業に成長させた山﨑貞一などなどが出ている。

旧・相良町内には静岡県下でも珍しく、平田寺聖武天皇勅書、大鐘《おおがね》家長屋門と住宅、大江八幡宮の御船神事、蛭ケ谷《ひるがや》蛭子《ひるこ》神社の田遊びの四つの国指定文化財を保有しており、温暖で風光明媚なこの環境下で、牧之原市と島田市にまたがる富士山静岡空港を有効に活用するなどして、これからは国内はもとより海外に向けての発展を期待したい。

あとがき

旧・相良町は静岡県中部に位置し、東は駿河湾、北は牧之原台地に接し、人口二万五千余の風光明媚な町でしたが、平成十七年（二〇〇五）十月、東隣榛原《はいばら》町と合併して牧之原市となりました。平成二十六年九月現在、西に御前崎市の中部電力浜岡原子力発電所を控え、その存続・再開を巡って議論がなされています。

本書の執筆については、相良史蹟調査会に属する私と榛原高校同窓生の川原崎淑雄君が担当しました。川原崎君の父上の次郎さんは相良史蹟調査会の二代目会長・相良町文化財保護審議会会長として多くの執筆をなし、郷土史研究家の第一人者でありましたが、ご病気でこの企画には参加できず（本書の完成を見ることなく亡くなられたのは誠に遺憾です）、現職の高校数学講師の淑雄君が父上の研究成果を引き継ぎたいとの意欲をもって取り組まれたのでした。

私にとっても、相良を中心とした榛南《はいなん》の歴史を繙《ひもと》く絶好の機会でした。また、相良氏が肥後国球磨郡多良木・人吉に去った後、小夜《さよ》の中山で刃《やいば》の雉《きじ》を退治した恩賞として、相良荘を賜った一条三位上杉憲藤に、七百数十年前に神職として京より招かれ相良の中村に下向したとされ、中村を名乗ったという我が家の歴史もおおよそ解明できたことは何よりでした。

それにしても、今まで認識していた江戸時代を遡る平安時代後期から室町期の相良荘や相良氏の動向、明応七年（一四九八）の大地震と大津波による郷土の破壊と再生、宝永・安政の大地震と大津波の影響など、「藩物語」の枠を超えた郷土の歴史や文化、先人たちのエネルギーを再認識できたことは、大変得難いことでした。

そして、執筆中に手にした照井壮助著『天明蝦夷探検始末記』（影書房）を読んで、副題ともなっている「田沼意次と悲運の探検家たち」の実態を知り、幕府の正史から消された事実に涙したことも懐かしく思い出されます。

この執筆には、牧之原市教育委員会田形正典氏、同史料館学芸員長谷川倫和氏、相良史蹟調査会会員諸氏、はりはら塾塾生名波恒夫氏の御協力がありました。現代書館菊地泰博社長、編集の二又和仁氏の適切な御指導と激励があり、有り難いことでした。

また、西原茂樹牧之原市長をはじめ、牧之原市の田沼塾・はりはら塾の郷土史・日本史の塾生の皆さんには、予定より出版が遅れたことで御迷惑をかけました。

この『相良藩』が皆様の、牧之原市を含む榛南の歴史・文化・産業の理解に役立てば幸いです。

中村　肇

平成二十七年三月吉日

相良藩の成立は、宝永七年（一七一〇）であり、終焉は明治元年（一八六八）である。途中に田沼意次侯の失脚があり、幕府領三十六年間と一橋領が三十三年間はさまっている。

私の担当した部分であり、『相良町史』を読むまでは、百姓一揆が三回も起こったということを知らなかったのでとても驚いた。特に小島蕉園の時に、借金棒引き措置を取っていることが信じられなかった。徳政令と似たようなものであり、一橋家がどのような事情で承知したのかの答えとして、過去も含めて何回も起きていたことが原因だろうと考えていた。ところが最近読んだ本で、寛政の改革の時に、幕府が借金棒引き措置を取ったことを知った。しかも幕府と札差の間で話し合って決めたらしい。高校の教科書には相対済《あいたい》まし令として記載されているが、授業だけでは知り得ない奥深さを知ることができた。今後もライフワークとして郷土史探究に取り組んでいきたい。

結びにあたり、現代書館菊地泰博社長をはじめとして、友人で共著者中村君、相良史蹟調査会会員の方々の励ましと編集者二又和仁氏の温かい御指導により、物語後半の部分を書き終えることができた。また、先学の著された書籍から郷土についての歴史的事柄をたくさん学ぶことができた。これらすべての方々に感謝申し上げます。

川原崎　淑雄

平成二十七年三月吉日

参考文献

『悪名の論理』中公新書　江上照彦　一九六九
『魚の棲む城』新潮社　平沼弓枝　二〇〇二
『江戸の小判ゲーム』講談社現代新書　山室恭子　二〇一三
『江戸幕府代官履歴辞典』岩田書院　西沢淳男編　二〇〇一
『開国前夜　田沼時代の輝き』新潮新書　鈴木由紀子　二〇一〇
『釜石製鉄所七十年史』富士製鉄株式会社釜石製鉄所　一九五五
『逆説の日本史』17　小学館　井沢元彦　二〇一一
『郷土史家　山本楽山翁傳』相良史蹟調査会　川原崎次郎　一九八九
『郷土史話』相良町教育委員会編・発行　一九七〇
『近世高士伝』「小島蕉園」黄河書院　森銑三　一九四二
『小島蕉園伝』賤機叢書　静岡郷土研究会　文部省編　一九五七
『相良史』復刻版　相良史蹟調査会　山本吾朗　一九八三
『相良史蹟』創刊号　相良史蹟調査会　一九九二
『相良史蹟』第二号　相良史蹟調査会　二〇〇八
『相良城址』相良町教育委員会　埋蔵文化財調査　二〇〇五
『相良茶業史覚書』相良町教育委員会　川原崎次郎　一九九二
『相良町史』資料編近世一　相良町　一九九一
『相良町史』資料編近世二　相良町　一九九二
『相良町史』通史編上巻　相良町　一九九三
『相良町内指定文化財解説』相良町教育委員会　一九八六
『相良藩の年貢』吉見書店　若尾俊平・武田魁　一九七八
『さがらふるさと人物誌』相良史蹟調査会　二〇〇〇
『相良町文化事典』相良町教育委員会　中村福司　一九九三
『三百藩家臣人名事典』4　新人物往来社　家臣人名事典編纂委員会　一九八八
『静岡県史』通史編4　近世編二　一九九七
『世界を見た幕末維新の英雄たち』別冊歴史読本　新人物往来社　二〇〇七
『川柳　狂歌』教育社歴史新書82　浜田義一郎　一九七七
『第十六代徳川家達』祥伝社新書　樋口雄彦　二〇一二
『田沼意次』毎日新聞社　村上元三　一九八五
『田沼意次』ミネルヴァ書房　藤田覚　二〇〇七
『田沼意次　都市と開発の時代』平凡社　吉田光邦　一九七九
『田沼意次の時代』岩波書店　大石慎三郎　一九九一
『田沼意次　ゆがめられた経世の政治家』清水新書　後藤一朗　一九七一
『田沼時代』岩波文庫　辻善之助　一九八〇
『田沼時代』吉川弘文館　藤田覚　二〇一二
『田沼時代と相良城』書店史学　中村福司　一九七七
『天明蝦夷探検始末記』影書房　照井壮助　二〇〇一
『東海の大名陣屋町』関西地理学研究会　米田藤博　二〇一三
『東遠の港と御船神事』書店史学　中村福司　一九七七
『遠江国風土記伝』歴史図書社　内山真龍　一九六九
『遠淡海地志』静岡教育出版社　山中豊平　一九九一
『遠江の御船行事』静岡県教育委員会　一九九八
『遠江の相良氏』私家版　川原崎次郎　一九八一
『徳川家治の政治に学べ』テーミス　後藤晃一　二〇一一
『主殿の税　田沼意次の経済政策』講談社　佐藤雅美　一九八八
『日本史総覧』東京法令出版　二〇〇四
『日本史のアーカイブ――写真資料館』東京法令出版　二〇〇六
『日本の歴史』週刊朝日百科33　朝日新聞社　二〇一四

『日本の歴史』九　読売新聞社　一九五九
『日本文化史図版総目録』筑摩書房　一九六六
『日本を創った人びと21　田沼意次』平凡社　吉田光邦　一九七九
『榛原郡神社誌』静岡県神社庁榛原支部　一九七四
『榛原町史』中巻　榛原町教育委員会　榛原町史編纂委員会　一九八八
『原崎源作の生涯』私家版　原崎循一　一九七四
『悲劇の宰相　田沼意次』教育社　江上照彦　一九八二
『肥後相良一族』新人物往来社　池田こういち　二〇〇五
『百姓一揆とその作法』吉川弘文館　保坂智　二〇〇二
『富津市のあゆみ』富津市　富津市史編纂委員会　一九八三
『ふるさと探訪』創刊号　相良史蹟調査会　ふるさと探訪編集委員会　一九七五
『ふるさと探訪』第二号　相良史蹟調査会　ふるさと探訪編集委員会　一九七七
『ふるさと探訪』第三号　相良史蹟調査会　ふるさと探訪編集委員会　一九七九
『ふるさと百話』九巻「お茶の文化史」静岡新聞社　曾根俊一　一九七三
『ふるさと百話』九巻「相良油田」静岡新聞社　川原崎次郎　一九七三
『編年相良町史』相良町教育委員会　川原崎次郎　一九六六
『牧之原開拓史考』静岡県茶業会議所　大石定男　一九七四
『牧之原市の偉人』牧之原市教育委員会　二〇一三
『魔群の通過　天狗党叙事詩』文藝春秋　山田風太郎　一九九〇
『物語　駿遠の諸藩』静岡新聞社　杉山元衛　二〇一三
『八幡製鉄所』教育社歴史新書一一二　小林正彬　一九七七
『山高信徳の時代』私家版　柴興志　二〇〇六
『吉田町史』吉田町教育委員会　吉田町史編纂委員会　一九九三
『楽山随想　竹内新平先生傳』相良史蹟調査会　山本吾朗　一九七六
「遠州一橋領のみのかぶりについて」川崎文昭『地方史静岡』二四号　一九九六
「遠州一橋領百姓一揆とその特質について」川原崎次郎『地方史研究』第一九八号　一九八五
「小島蕉園と大蔵永常」山本正『地方史静岡』第二五号　一九九七
「代官小島蕉園の撫育について」川崎文昭『常葉学園大学研究紀要』第一五号　一九九四
「日本近代石油産業発祥史論」川原崎次郎『地方史研究』第二八四号　一九九六

協力者

相良史蹟調査会（小沢幸吉会長、川原崎陸雄副会長、会員の増田透氏・小塚一刀氏・増田勝彦氏）／牧之原市史料館（田形正典氏、名波光子氏、長谷川倫和氏）／秋野博治氏／後藤晃一氏／名波恒夫氏／千葉明弘氏

中村肇（なかむら・はじめ）
一九四七年、静岡県牧之原市生まれ。元静岡県立高等学校教諭、大江八幡宮ほか七社の宮司。
牧之原市文化財保護審議会副会長・遠州相良田沼塾・はりはら塾「郷土史」・「日本史」講師。
『本川根町史（民俗編・近世編）』『金谷町史（地誌編）』『金谷高校卒業研究30年の記録』『榛原高校百年史』などを編集・執筆。

川原崎淑雄（かわはらさき・よしお）
一九四七年、静岡県牧之原市生まれ。東京教育大学理学部応用数理学科卒業。
静岡県立高等学校を二〇〇七年に退職、現在、富士市の静岡県富士見高等学校特命講師。
共著に、郷土の和算家をまとめた『静岡の数学１』がある。五年前から牧之原市に関係する郷土の偉人の評伝を『文芸まきのはら』に連載中。

シリーズ藩《はん》物語《ものがたり》 **相良藩《さがらはん》**
二〇一五年四月二十日 第一版第一刷発行

著者――中村肇、川原崎淑雄
発行者――菊地泰博
発行所――株式会社 現代書館
東京都千代田区飯田橋三―二―五 郵便番号 １０２－００７２ http://www.gendaishokan.co.jp/
電話 ０３－３２２１－１３２１ ＦＡＸ ０３－３２６２－５９０６ 振替 ００１２０－３－８３７２５
組版――デザイン・編集室 エディット
装丁――中山銀士＋杉山健慈
印刷――平河工業社（本文）東光印刷所（カバー・表紙・見返し・帯）
製本――越後堂製本
編集――二又和仁
編集協力――黒澤 務
校正協力――岩田純子

江戸末期の各藩

松前、八戸、七戸、黒石、**弘前**、**盛岡**、**一関**、秋田、亀田、本荘、秋田新田、仙台、松山、**新庄**、**庄内**、天童、長瀞、**山形**、上山、**米沢**、米沢新田、相馬、福島、**二本松**、三春、**会津**、**守山**、棚倉、平、湯長谷、泉、**村上**、黒川、三日市、**新発田**、村松、三根山、与板、**長岡**、椎谷、**高田**、糸魚川、松岡、笠間、宍戸、**水戸**、下館、結城、**古河**、下妻、府中、土浦、麻生、谷田部、牛久、大田原、黒羽、烏山、喜連川、**宇都宮・高徳**、壬生、吹上、**足利**、佐野、関宿、高岡、佐倉、小見川、多古、一宮、生実、鶴牧、久留里、大多喜、請西、飯野、佐貫、勝山、館山、岩槻、忍、岡部、川越、沼田、前橋、伊勢崎、館林、高崎、吉井、小幡、安中、七日市、飯山、須坂、**松代**、**上田**、**小諸**、岩村田、田野口、**松本**、諏訪、**高遠**、飯田、金沢、荻野山中、小田原、沼津、小島、田中、掛川、**相良**、横須賀、浜松、富山、加賀、大聖寺、郡上、高富、苗木、岩村、加納、大垣、高須、今尾、犬山、挙母、岡崎、西大平、西尾、吉田、田原、大垣新田、尾張、刈谷、西端、長島、**桑名**、神戸、菰野、亀山、津、久居、鳥羽、宮川、彦根、大溝、山上、西大路、三上、膳所、水口、丸岡、勝山、大野、**福井**、鯖江、敦賀、小浜、淀、新宮、田辺、紀州、峯山、宮津、田辺、綾部、山家、園部、亀山、福知山、柳生、柳本、芝村、郡山、小泉、櫛羅、高取、高槻、麻田、丹南、狭山、岸和田、伯太、豊岡、出石、柏原、篠山、尼崎、三田、三草、明石、小野、姫路、林田、安志、龍野、山崎、三日月、赤穂、鳥取、若桜、鹿野、津山、勝山、新見、岡山、庭瀬、足守、岡田、岡山新田、浅尾、松山、鴨方、福山、広島、広島新田、高松、丸亀、多度津、西条、小松、今治、松山、新谷、大洲、**伊予吉田**、**宇和島**、徳島、**土佐**、土佐新田、**松江**、広瀬、母里、浜田、津和野、岩国、徳山、長州、長府、清末、小倉、小倉新田、福岡、秋月、**久留米**、柳河、三池、蓮池、唐津、**佐賀**、小城、鹿島、大村、島原、平戸、平戸新田、**中津**、杵築、日出、**府内**、臼杵、**佐伯**、森、**岡**、熊本、熊本新田、宇土、人吉、延岡、高鍋、佐土原、飫肥、薩摩、対馬、五島（各藩名は版籍奉還時を基準とし、藩主家名ではなく、地名で統一した）

★太字は既刊

シリーズ藩物語・別冊『それぞれの戊辰戦争』（佐藤竜一著、一六〇〇円＋税）

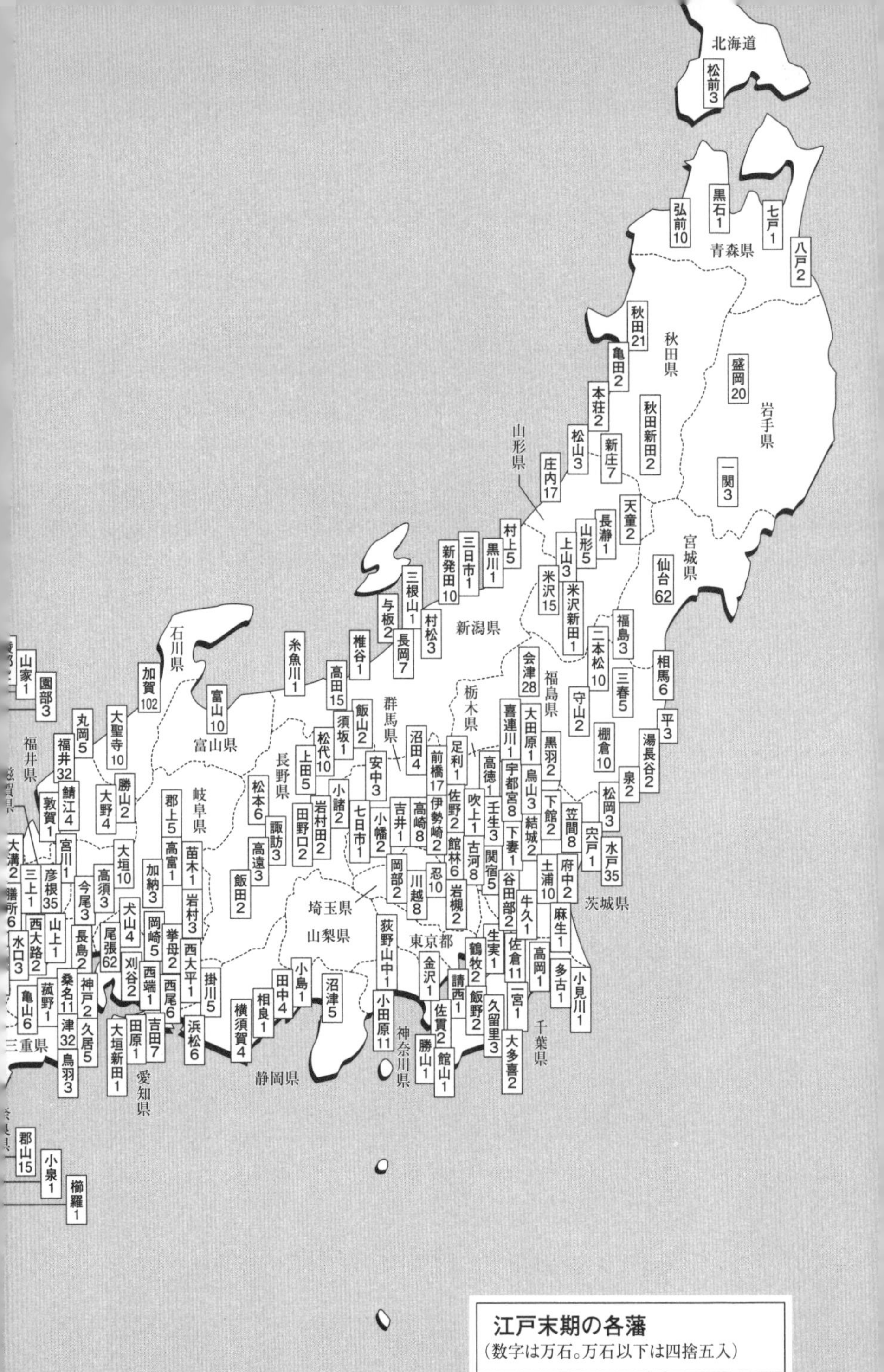

江戸末期の各藩

（数字は万石。万石以下は四捨五入）